まえがき

もしあなたが、居酒屋を経営していて売上げが不振だとすれば、それはいったい何が原因なのでしょうか。

１００年に１度と言われるような、超不況が原因しているのでしょうか。それとも、大手が経営する大型居酒屋が近くにできたというように、競合が原因なのでしょうか。

もし、あなたが今から居酒屋を新しくはじめようと考えながらも、不安が解消されないとすると、それは何が原因なのでしょうか。

やはり、超不況や競合の多さでしょうか。

これらは、売上不振の原因とまったく無関係というわけではありませんが、本質的なものではありません。現在の売上不振や多くの不安は、繁盛を手に入れるための成功原則が身についていないことによるのです。

この超不況の環境において、前年売上げを１２０～１３０％伸ばし続けている居酒屋は、みなさんが想像するよりも、はるかに多く存在しています。新規開業や新規出店においても、繁盛店づくりに成功している店が多くあります。それらのほとんどの店では、〝成功原則を徹底的〟に活用しています。

しかも、その成功原則を自店にとり入れるのは、難しいことではありません。コツさえつかめれば、だれにでも簡単に実践できる内容です。事実、私の支援先の企業や店でも、その〝成功原則〟を活用して繁盛を実現している事例は数多くあります。

数多くのことに取り組まなくても〝繁盛〟を実現することはできます。多くの繁盛居酒屋では、店と商品とサービス、この3点に集中して〝成功原則を使った具体的な差別点〟を作ることで、集客力を倍増させています。

しかしながら、超不況や競合によって売上不振に陥っている店では、「差別化が必要!」と口にはするものの、〝具体的な実践〟にはなっていないのが現実です。

そのため、売上不振から脱却できずに、少しずつ経営の体力や前向きな意欲を失っている経営者が多く見受けられるようです。

本書では、店と商品とサービスを中心にした〝繁盛を手に入れるための成功原則〟をまとめました。

すべての内容は、私の支援先が実践して成功した事例です。また、〝成功原則を使った具体的な差別点の実施方法〟となっているため、読者の方にもすんなりと受け入れられ、しかも実践可能な内容となっています。

〝店と商品とサービスによる繁盛店づくり〟が本書のテーマですが、それ以外にも〝集客倍増のための販売促進や利益を生むための計数管理、そして成功するための開業方法という実践成功原則〟という内容で〝10の繁盛法則〟にまとめました。

今回の改訂版の出版をする前に、多くの読者から、手紙をいただきました。そのみなさんに共通していることは、前著の〝10の繁盛法則の実践〟によって、売上アップが実現できたという喜びの内容でした。なかには、「大型店で月商800万円の不振店が、本の内容に沿ってリニューアルをすることで月商2000万円の繁盛店になった」というものもありました。

それらの声に支えられながら、本書の改訂版にあたり、事例の変更など、内容の変更も行いました。

〝繁盛店づくりの実現〟を目指していただければ幸いです。

2009年2月

高木　雅致

contents

3章 立地について徹底的に考えよう

contents

4章 どんな商品をどうやって売るか

5章 小さくてもキラリと光る店づくり

6章 お客さまの心をつかんで離さないもてなしの工夫

contents

7章 売れて儲かるメニューブックを作れ！

8章 必ず成功するための販売促進策あれこれ

9章 苦手などと言っていられない計数管理のツボ

contents

10章 開業時の混乱を乗り切り繁盛店への軌道に乗せる

1章 いま、居酒屋がおもしろい！

居酒屋の第二次成長時代、この時流に乗り遅れるな

1 居酒屋業界は これからが おもしろい!

「居酒屋っておもしろい商売ですね」と札幌にあるイタリアン居酒屋「チーズ・チーズ」の店長が話してくれました。

●一番を作れば売上げも利益も伸びる

同店は、開店以来1年間は赤字営業でしたが、冒頭の発言をした新しい店長に交代すると、たちまち売上げが伸びはじめました。

同店はランチ営業もしていて、ランチが月100万円、夜が500万円の売上げでした。

新店長は、原価率が高くて経営効率の悪いランチの営業をやめ、居酒屋の営業に全力を注ぎました。

すると、ランチ営業をやめた翌日には、夜だけの売上げで600万円を越えたのです。

開店以来、初めて利益も生みました。

その後も順調に売上げは伸び、15〜20%という高い利益が毎月生まれているようです。

後に店長に、その売上げと利益アップのコツを聞いてみると、「一番を作った」という答えが返ってきました。

店長は、お客さまの〝目の前〟でのサービスに力を入れたのです。

そのひとつは、生ハムをテーブルで切るというサービス、もうひとつが、ワインの説明をしっかりとていねいにするという、実演サービスと商品説明に集中的に力を注いで〝一番化〟を行なったことです。

●〝一番〟を持てば居酒屋業界はおもしろい

居酒屋業界は他の飲食店同様、成熟化がすすんでいます。

そのため、急速な伸びはなくなり、売上げが低迷する居酒屋も少なくないようです。

しかし、それら多くの居酒屋はどこにでもあるような総合的な品揃えで、しかも他店と差別化された〝一番〟のない店ばかりです。

この「チーズ・チーズ」のように〝一番を作ってそれに集中〟すれば、好業績を作りやすいのが居酒屋なのです。

このポイントを見逃す手はないでしょう。

“一番”を作って集中すれば業績アップ！

札幌の「チーズ・チーズ」というイタリアン居酒屋では、実演などの取り組みによって売上げを伸ばしている

2 居酒屋は三等立地でも繁盛する

●居酒屋は立地を選ばない

「どうして、居酒屋はどこにでもあるのだろう」

それは、ある雑居ビルでのことです。地下1階から地上5階までのすべての階に、居酒屋が入店していました。その全部をのぞいて回ったところ、どの店も、けっこう繁盛しています。それが不思議に思えたのです。

寿司屋は、必ずと言っていいほど1階に出店しています。私のお付き合い先の寿司屋もすべてそうです。

居酒屋はどの階にも出店していますが、寿司屋は1階が圧倒的に多い。ということは、寿司屋より居酒屋のほうが立地を選ばない、ということになります。

次にラーメン屋を見て回りました（居酒屋、寿司屋、ラーメン屋は独立開業希望者が多い業種ですから、比較の意味で）。ラーメン屋も寿司屋と同じで、人通りの多い道に面して出店していました。もちろん1階です。

ラーメン屋と寿司屋というのは、お客さまがわざわざ店を探してやってくる飲食店の代表と考えていたのですが、現実的には居酒屋のほうが場所を選ばずに出店していたのです。

ということは、居酒屋は物件コストが安い三等立地でも集客できるということです。独立開業を志す方に、ぴったりの業種と言えるでしょう。

たとえば、焼きとり屋をイメージすると、路地裏の情景が頭に浮かんできます。焼きとり屋以外でも、そんな立地での居酒屋の繁盛店を数多く知っています。

●居酒屋が繁盛するポイント

なぜ、居酒屋は三等立地でも繁盛するのでしょうか。

そのポイントは三つあります。

①予算がわかりやすい――どの店も、予算が3000円前後であり、その範囲がある程度かぎられているのが居酒屋の特徴、②安心して入店できる――高いと思ったら、いつでも容易に替えることができる、③マーケットが大きい――老若男女関係なく、広いお客さま層があるし、居酒屋の数の多さを考えると、そのマーケットの大きさがわかります。

このように居酒屋は、三等立地でも繁盛できる、非常にユニークな業種なのです。

三等立地でも、お客さまを呼び込む工夫で繁盛店に

繁盛店の「オリエンタル」の立地は雑居ビルの2階。決してよい立地とは言えない

人通りの少ないビルにある「オリエンタル」。店頭に看板を設置し、入りやすさと予算イメージをアピールしている

3 「シズルの原則」で商品の差別化ができる

●ただおいしいだけではダメ

飲食店を経営していると、「おいしいものを安く提供すれば商売は成功する」と考えがちです。

たしかに正攻法的な考え方ですが、食材原価の問題などもあり、それだけではお客さまに満足を与えることはできないようです。

しかし、商品によって他店との差別化ができて、より集客力を高める方法は、それほど難しくはありません。素人でも簡単にできます。

それは、「シズルの原則」を使えばいいのです。

原則①《音で売れ》＝札幌にあるハンバーグの「芝」では、熱い鉄板の上にハンバーグを盛り付け、その上からたっぷりのソースをかけ、びっくりするほどの「ジュージュー」という音を立てています。

お客さまの目の前で、調理の実演が行なわれるわけですから、高い満足感を与えることが可能です。開店8年以上も経過しているのに、一度も前年売上げを割ることがないという繁盛の原点は、その「音」にあるのです。

原則②《熱さ、冷たさを売れ》＝群馬の繁盛居酒屋チェーン「どんさん」では、一番商品の刺身盛り合わせは、びっしりと敷き詰められた氷の上に盛り付けられています。このように、冷たさといった「温度」を強く感じさせる提供が集客を高めます。

原則③《ボリュームを売れ》＝東京でチェーン展開する「魚金」という居酒屋は、予約なしでは入店できないほどの超・繁盛店です。この店の刺身6点盛りは、実際は12点の刺身が入っていて、それ以外にも、細巻き寿司がついている場合があります。この一品だけで、びっくりするほどのボリュームです。

原則④《彩りを売れ》＝東京の繁盛店である「ろくさん亭」という和食では、7種類の前菜が大皿に盛り付けられて、最初に提供されます。7種類の前菜を目で楽しむことで、おいしさ感が倍増するのです。

ぜひ一度、10店舗ほどの居酒屋を見学してください。このような「シズルの原則」を活用した店はあまりないはずです。しかし、繁盛店は必ずこの「シズルの原則」を活用しているのです。

お客さまを思わず興奮させる「シズルの原則」

牛串を鉄板でジュージューと音を立たせながら提供している—どんさん亭・群馬

鉄板にのせたハンバーグにソースをかけるとジュージューという大きな音が立つ—芝・札幌

4　「繁盛店の原則」は繁盛店に聞け

「繁盛店づくりのコツは繁盛店に学ぶ」ということが原則です。そして、難しく考えずによい所を真似すればいいのです。これを「モデル商法」と言います。

私は、年間100店以上の繁盛店を見ていますが、その繁盛には共通のルールがあります。

この共通のルールを不振店に応用してみると、即座に業績改善する店が少なくありません。

札幌にあるイタリアン居酒屋「チーズ・チーズ」では、人通りのある所から奥に入ったビルのテナントとして営業しています。そのビルに出店している飲食店は、すべてと言っていいほど売上不振に苦しんでいるようです。

しかし、「チーズ・チーズ」は行列のできる繁盛居酒屋なのです。この店も「繁盛の原則」を活用しています。

●明日からできる「繁盛の4原則」

(1)第一印象で勝負が決まる……お客さまが店の前を通ったとき、思わず足を止めて店の中へと吸い込まれてしまうようにするためには第一印象が勝負です。そこで、①間口を大きく見せる、②店名を読みやすくする、③店名で何屋かが想像できる、④外から店内が見える、という四つのポイントによって、〝店に入りやすい〟という第一印象を与えるのです。

(2)実演が決め手……注文商品が、目の前で調理されることほどおいしく感じられることはありません。そこで、①入口のすぐ近くで実演調理をする、②焼き台や天ぷらなど、熱さを感じさせる実演調理がより効果的です。

(3)市場のような食材陳列を作れ……小さな居酒屋では、席を有効に確保するためにはカウンター席が必要となります。そのカウンターに、〝市場のような食材陳列〟をします。氷などを敷き詰めた大皿やネタケースに、魚や野菜、仕込みの食材などを陳列するのも有効です。

(4)ごちゃごちゃ感を作る……席間や通路は極力狭くしたほうが〝にぎわい感〟を演出することができます。

入口から入ったすぐの所も〝狭さ感＝ごちゃごちゃ感〟を作ったほうが〝にぎわいという活気感〟を強く作りあげることができます。

「繁盛の原則」の4原則は、素人でも取り組めることばかりです。

これらの原則を実行すれば繁盛店になれる

実演やオープンキッチンの演出によって「繁盛の4原則」を活用している—チーズ・チーズ・札幌

5 「なじみ客づくり」を武器にしよう

札幌の三鵬商事という企業では、居酒屋、ハンバーグ店などの飲食店とケーキ店を経営していますが、どの店も繁盛しています。

その会社では、「なじみ客づくり」に徹底して取り組んでいます。

●「なじみ客150人」を目標にしよう

その会社の経営幹部の方々と臨店していたときのことです。

ケーキ店の女性店長に、「顔と名前のわかるお客さまは何人くらいいますか」と質問しました。

するとその店長は、「127人」と即答されました。

その後、いくつかの質問をするとその即答の理由がわかりました。

店長は小さな手帳に、お客さまの名前や特徴、そして好みなどを記入していたのです。店長は、「目標は150人のなじみ客づくり」と話してくれました。

その女性店長は、まだ店長になって半年ほどで、しかも23才という若い方です。

この会社の「なじみ客づくり」の徹底ぶりが理解できました。それが、繁盛の基本を作っているようです。

●普通のお客をなじみ客にする三つのコツ

なじみ客づくりのコツは三つあります。

(1)第一印象は明るさ……第一印象とは、入店時の印象のことです。お客さまが店内に入った瞬間が最大のポイントです。いかに明るい表情で、お客さまの目を見ながらあいさつできるかが決め手になります。

(2)〝残印象〟は気分のよさ……〝残印象〟とは、お客さまが帰るときに感じる印象のことです。

玄関の外に一歩出て、「感謝の言葉」をお客さまの背中に伝えるのです。お客さまの気分のよさが、最後の印象となって心に残ります。

(3)お客さまをお客さま扱いする……お客さま扱いとは、お客さまを覚えることです。たとえば、名前やお客さまの関心事を覚えるのです。それが、お客さまとの親しみを作ります。

これらは、誰にでもすぐにできる、簡単な施策と言っていいでしょう。

「なじみ客づくり」を徹底する

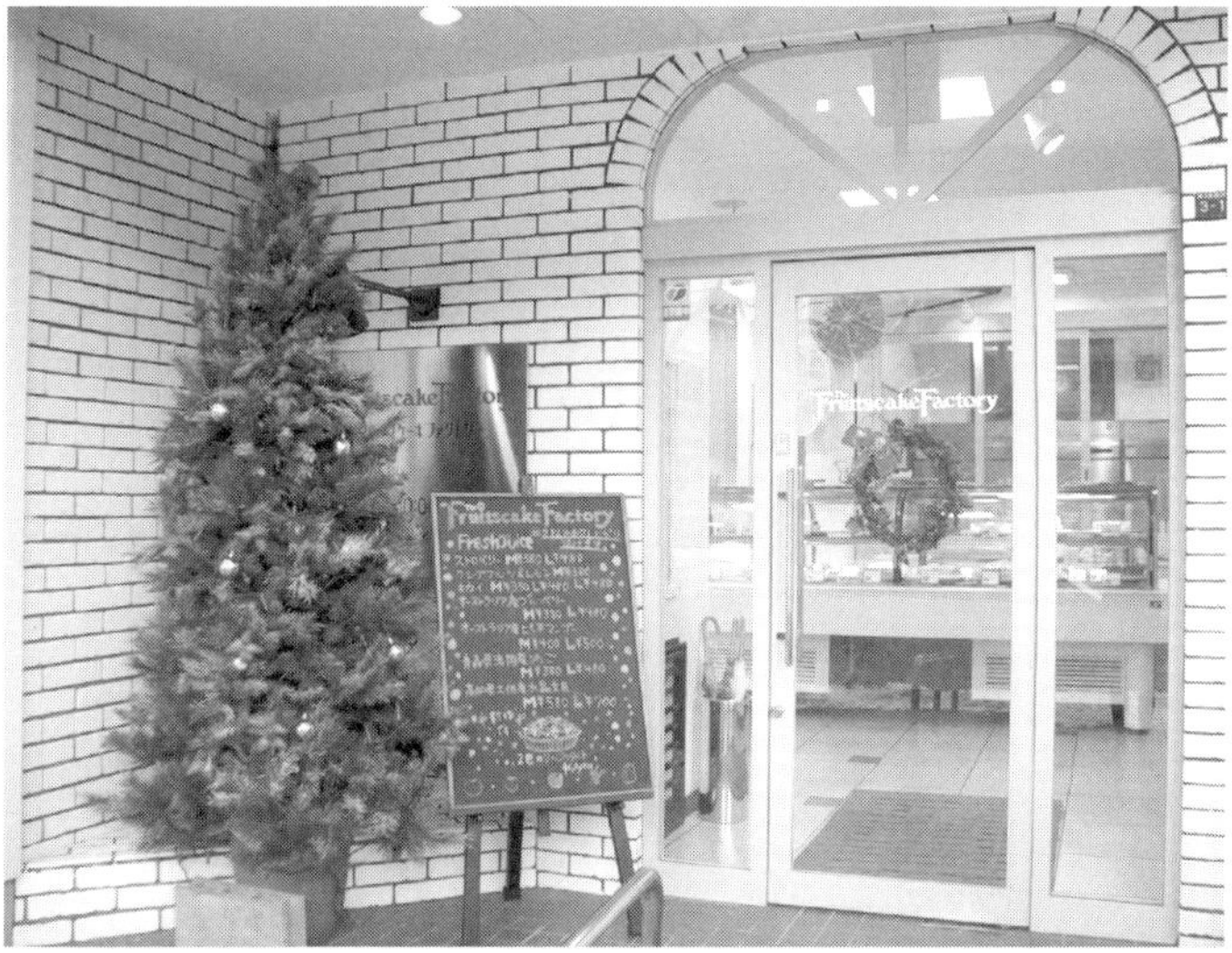

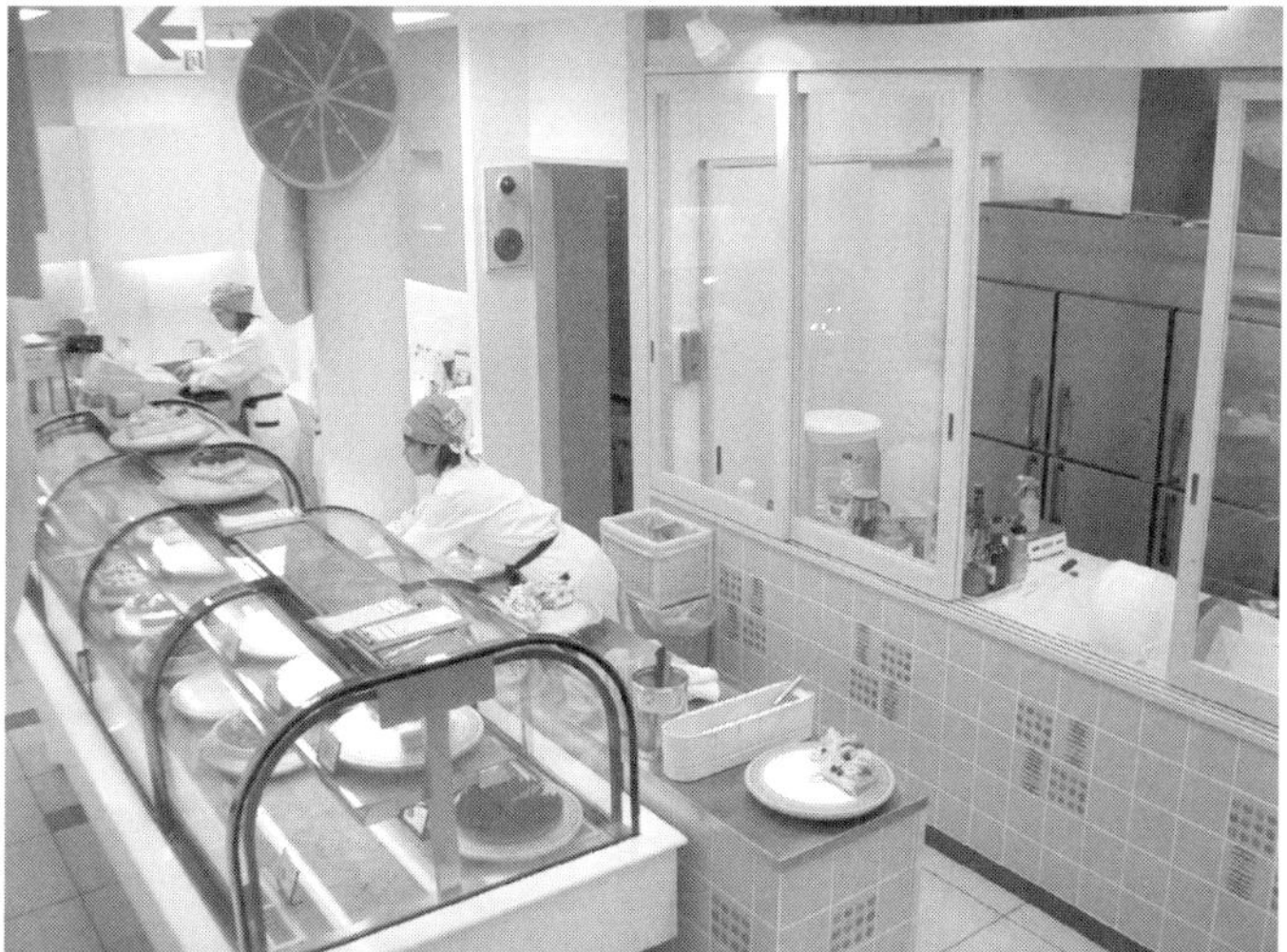

フルーツケーキファクトリーでは、顔と名前がわかる“なじみ客づくり”を徹底して行なっている

6 客単価が高いから、短時間で儲けられる

●他の飲食店より、客単価が圧倒的に高い

これは20年ほど前、私が主催する飲食業の繁盛研究会での話です。

当時、参加者のテーマのひとつは、「週休2日制をどうやって実施するか」ということでした。

そのときすでに、週休2日や隔週休2日を実施している店がいくつかあったのですが、それらの店はすべて居酒屋でした。

「どうして、居酒屋だけが週休2日制ができるんだ」という参加者からの質問があり、他の飲食業種と居酒屋とでは、何が違うのかと考えました。

答えは簡単、客単価です。居酒屋は、他の飲食店に比べて圧倒的に客単価が高いのです。客単価の高さが、経営効率をよくしているのです。一般的な飲食店チェーンでの、年間坪当たり売上高は、100~150万円ほどです。

横浜の「チーズカフェ」というイタリアン居酒屋は、三等立地で、しかも30坪という小さな店でありながら、年間1億2000万円以上を売り上げています。「チーズカフェ」のように、年間坪当たり売上げ400万円はすばらしい数字ですが、300万円以上の坪売上げを上げる居酒屋はそれほど珍しくありません。

●これだから効率的に儲けられる

しかも居酒屋は、6~7時間ぐらいの営業です。一般飲食店の半分の営業時間で、2倍の坪売上げを稼ぐことが可能な業種ですが、これも客単価の高さがひとつの要因です。この原因は、次のような点です。

(1)作業効率がよい……居酒屋では、アルコールの売上構成が30~40%となっています。ビール、日本酒やチューハイなど、アルコールメニューは簡単に作れます。つまり、売上げの30~40%を占める商品は、作るのにほとんど手間がかからないということです。

(2)安いと感じる……2500~3000円という高い客単価であるにもかかわらず、商品価格は300~500円程度であり、お客さまは安く感じられるため、集客力があるのです。

これだけでも、居酒屋が非常に儲けやすい商売であることが理解していただけると思います。

三等立地で小さなお店。しかし抜群の売上げを上げている

17時から23時までのたった6時間の営業ながら、年間1坪当たり売上高400万円を上げる行列繁盛店―チーズカフェ・横浜

7 店主の心が伝わるから、大手チェーンには負けない

●小さな店というメリット

「小さな店では大手に負けませんか？　店にお金をかけることもできません。それで大丈夫でしょうか？」

初めて居酒屋をやってみようという方から、必ず受ける質問です。そんな場合は、「逆ですよ。店主の顔がわかる小さな店のほうが強いんですよ」と答えています。

神奈川にある居酒屋「オリエンタル」の渡辺さんは、繁盛店を作り上げています。7坪の小さな小さな居酒屋で独立しました。その後、一人ひとりのお客さまの名前を覚えて親しみを込めて会話をし、商品をすすめてきました。

その結果、渡辺さんが覚えるなじみ客の数に比例して売上げがどんどん増え続け、7坪の店で月２００万円を売り上げました。1年後に23坪月４００万円の店になり、さらにそれから1年後、48坪月７５０万円を売り上げるというように、なじみ客とともに成長し、繁盛を続けています。

大手チェーン店にいくら来店を重ねても、「なじみ客」扱いをされることはまずありません。名前を呼ばれることもありませんし、従業員とのコミュニケーションも、あまりありません。

店主の顔がわかる小さな店では、「店主の心＝お客さまへの感謝、商品づくりのていねいさ」などを、店主自身を通して伝えることができるのです。

●「大に勝つ」ために行なう六つのポイント

渡辺さんは、次の六つのことを実行して繁盛に成功しています。

(1)お客さまの名前や関心事を覚える
(2)味の好み（辛くないか、辛すぎるようなら言ってください、など）を聞く
(3)食べ方、商品の説明をする
(4)メニューになくても、可能なら作る
(5)隠れメニューを作る（メニューに表示せず、店主が自らすすめるメニュー）
(6)店主によるお見送りを行なう

これら六つのポイントを、店主が実行するのです。居酒屋は、「小さくても大に勝てる」商売なのです。

小さな店だから、店主の気持ちがお客さまにストレートに伝わる

オーナーの渡辺さんがとるお客さまとのコミュニケーション
が繁盛の決め手

8 繁盛店の経営者が教える、繁盛の秘訣

千葉に繁盛店で有名な、「赤門」という焼肉のチェーンがあります。同店の片岡会長はいろいろな飲食店を作ってきましたが、いろいろな失敗と苦労を重ねたようです。その体験を活かして、「赤門」を繁盛店チェーンに育て上げました。

●繁盛のポイントは六つある

片岡会長に繁盛の秘訣を聞いたところ、次の六つのポイントを教えていただきました。

(1)物件は、自分の目と足で確認する……不動産業者の情報を鵜呑みにしない。自分自身で確信が持てるまで、最低でも10回はその候補物件を見に行く。

(2)モデル店を持たなければマンネリ化する……必ず、モデル店が必要です。人間は、何かと競争したり目標を持つことによって、挑戦意欲が湧いて仕事が前向きになります。

(3)お客さまを借りることはできない。だからメモをする……苦しいときには、銀行などからお金を借りることができます。しかし、お客さまを借りることはできません。いま、目の前にいるお客さまを大切にするしか、売上アップの方法はないのです。

そのためには、「お客さまメモ」を作り、お客さまの要望を忘れないうちに、メモとして集めるのです。そして実施できたことを、赤色で消していきます。

(4)お値打ち3品がお客さまを増やす……一般的に、独立オーナー店の原価率は低いようです。原価率が低いから、お値打ちでないとは言えませんが、その可能性は高いでしょう。全品お値打ちでは商売になりませんが、だれが見てもお値打ちと思える商品が3品は必要です。

(5)棚卸しをしない店は、商売をしていない……最低、月に一度の棚卸しは必要です。自分たちの食事分を除いた実質原価の計算が重要です。自店の原価率を、毎月把握するからこそ、攻めと守りの経営が同時にできるのです。

(6)ていねいな仕事が、繁盛の基本……冷たいものを入れる器は必ず冷やしておく。当たり前と思われるかもしれませんが、現実的にはなかなかできていません。盛り付け、商品の鮮度、すべてにおいて、ていねいな仕事が必要です。

片岡会長が実施してきた六つの秘訣です。

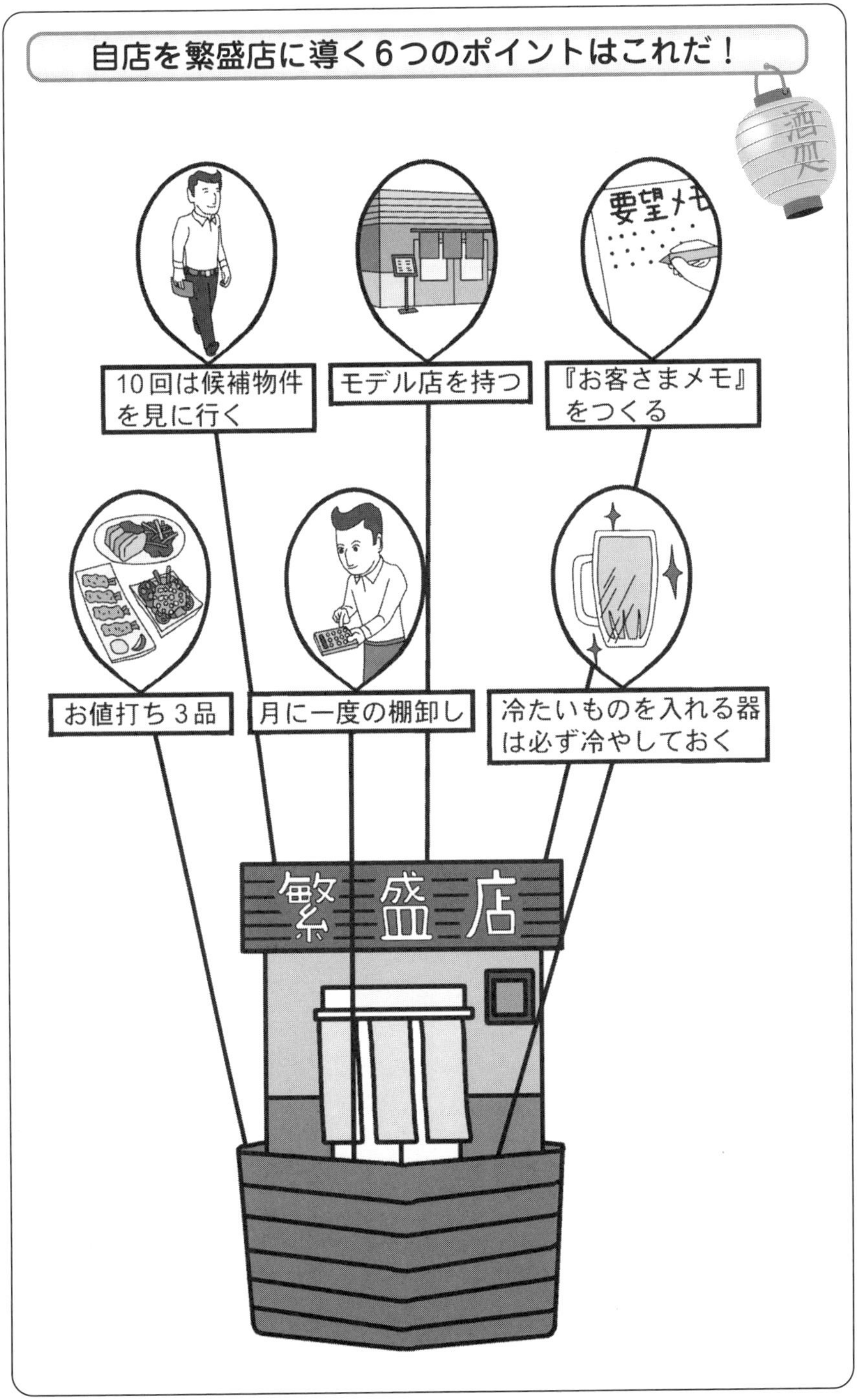
自店を繁盛店に導く6つのポイントはこれだ！
酒処
要望メモ
10回は候補物件を見に行く
モデル店を持つ
『お客さまメモ』をつくる
お値打ち3品
月に一度の棚卸し
冷たいものを入れる器は必ず冷やしておく
繁盛店

9 成功経営者に聞く、「独立開業」で成功するコツ

「創業で失敗なんてできない。そのためには、どんなことに注意すればいいのでしょうか」という問いを、故・丸田社長にさせていただいたことがあります。丸田社長は十数年前に急逝されましたが、長野を中心に、北陸方面で飲食チェーンを展開している、「あっぷるぐりむ」の創業社長です。

故・丸田社長は、次の三つの話をされました。

●「創業」で成功するポイントは三つ

(1)自分自身の「力相応」で、ムリはしない……店舗内装を決めていくと、夢が膨みます。工事関係者も、できばえのよい店を作りたいと思っています。工事担当者に事前に予算を伝えていても、〝夢の膨み〟のため、ほぼ確実に予算をオーバーします。私の経験上では、予算の2倍近い見積もりになります。しかし、決してムリをしないことです。自分自身の「力相応」でないと、開店後、そのことが重くのしかかってきます。

(2)「生活費6ヶ月分」の資金余裕を……「人の噂も75日」。3ヶ月もあれば、人の噂は消えるということです。逆に考えると、3ヶ月ぐらいかけないと、店にお客さまがついてくれないとも言えます。

お客さまが店についてくれるのに3ヶ月、そのお客さまが「客種」となって増えるのに3ヶ月。つまり、収益が計上されるまで、6ヶ月はかかると覚悟したほうがいいでしょう。そのためにも、「生活費6ヶ月分」の余裕資金が必要なのです。

(3)「開店前150人」のお客さまづくり……お客さまは開店してから作るという考えは、楽観的すぎるでしょう。成功はやってくるものではなく、自分の手で作るものだからです。前述したように、「なじみ客150人」で売上げが安定し、そのなじみ客が「客種」となって新しいお客さまを作ってくれます。その候補を開店前に作るのです。

仕事関係の知り合いや友人に手紙を書きましょう。なぜ独立開業をするのか。商品やおもてなしの方針等、自分の考えを手紙にして読んでいただくのです。必ず、応援してやろうという方が現われます。当然、全員に手書きの手紙が必要です。

「独立開業」で成功するためのポイントは3つある

自分自身の「力相応」で、
無理はしない
酒
6カ月分
BANK
「生活費 6 カ月分」の
余裕資金が必要
開店前「150 人」の
お客さまづくり

10 儲けの決め手は主力商品の「なじみ性」と「お値打ち力」

●主力商品には「なじみ性」が必要

立地の悪いところでは、主力商品がわかりやすいほど、多くのお客さまを集めています。その店の主力商品に「なじみ性」があるほど、お客さまにとってはわかりやすくなるのです。

「なじみ性のある商品」とは、①メインとして食べる食材で、ある程度の定期性のある食べ物、②名前を聞くとすぐに頭に浮かんでくる、③名前を聞くと空腹感を感じたり、よだれが出そうになる、などといった特徴のある商品のことです。

この「なじみ性のある商品」を主力商品にするのが繁盛のコツです。

なじみ性が強いもの、つまり居酒屋としての主力商品として向いているものとしては、①焼き鳥、②刺身、③天ぷら、④寿司、⑤とり唐揚げなどがあります。

一方、なじみ性の薄いものとしては、①創作料理、②七輪焼き、③韓国料理、④無国籍料理、⑤日本酒（アルコールを主力にした店）などがあります。

豆腐やおでんなどは、おなじみの食べ物ですが、豆腐は一般家庭では、何かの料理の具材として利用されることが多く、またおでんは季節性が強く、定期的に食べることはありません。

●なじみ商品に「お値打ち性」を作れ

東京・新橋にドミナントで展開する海鮮居酒屋の「魚金」は大衆居酒屋でありながら、事前に予約をしないと入れないほどの繁盛店です。新橋以外にも、五反田や池袋にも出店の範囲も広がっているようです。

同店の主力商品は刺身です。当然ながら、「なじみ性」の強い商品です。

この刺身の6種盛りには、〝12種類の刺身〟が盛り込まれています。また3種盛りには〝6種の刺身〟が盛り込まれており、それを不思議に思って従業員に聞くと「サービスです！」とのことでした。

どのテーブルのお客さまも、その商品が提供されると感嘆の声があがります。なじみ性のある商品を主力にし、「お値打ち性」をつけ加えることで、予約しないと入れないほどの繁盛を作っているのです。

儲けにつながる主力商品として、向くものと向かないものがある

刺身や寿司といった"なじみ商品"こそが店の主力商品となる

2章 小さな店には独立オーナーの夢がある

夢を形にするために、
「経営者」として成長しよう

1 店は小さくても独立オーナーには夢がある

京都の串揚げ居酒屋「串八」は、開店すればすぐに行列ができるほどの繁盛店です。しかも、多店化にも成功しています。

同店の達川社長は屋台から商売をはじめて、非常に優良な企業へと育て上げています。その成功の要因のひとつが〝夢〟の存在です。何年か前に、達川社長に創業時の夢や現在の夢について質問したところ、「夢の成長」を次のように話してくださいました。

●夢は個人とともに成長する

〈創業時〉 お金を得たい——自分自身の豊かな生活……豊かな生活がしたい、高級車に乗りたい、十分なお金を得たいと思って独立。独立オーナーとして成功すると、サラリーマンの3～5倍の収入を得ている方が多いようです。最初の夢は「自分自身のために」という思いが大きな支えとなります。

〈創業から3～5年〉 より大きくしたい——事業化……次に、生活に余裕ができると、より周りが見えるようになります。すると経営者として、会社や店と、より一体化した気持ちが強くなります。個人の商売から「事業」へと進めることによって、経営の安定化を図ることが次の夢になるようです。

〈創業から5～7年〉 仲間を幸福にしたい——関係者の豊かさ……自分と一緒に働いてくれる従業員に、より豊かな生活を与えたい。いまの仕事に、やりがいが持てるようにしたい、という思いが強くなるようです。

〈創業から7～8年以降〉 お客さまに喜んでいただきたい——社会貢献……オーナーとして独立すると、「お客さまの喜び」は直接伝わってきます。自分の仕事で、お客さまが喜ぶ姿を見て、やりがいを感じないはずがありません。とくに居酒屋は、お客さまの来店頻度が高いため、お客さまの反応が早く出るし、具体的な声になって表現される業種です。自分たちの仕事を通して、お客さまに満足を与え、喜んでいただきたいと思います。

このように、個人の成長とともに夢は、自分自身→会社→それをとりまく人（従業員）→社会（お客さま）というように、自分中心から他人中心へと変わります。経営はすばらしい仕事だと思える所以でしょう。

経営者の夢は成長する

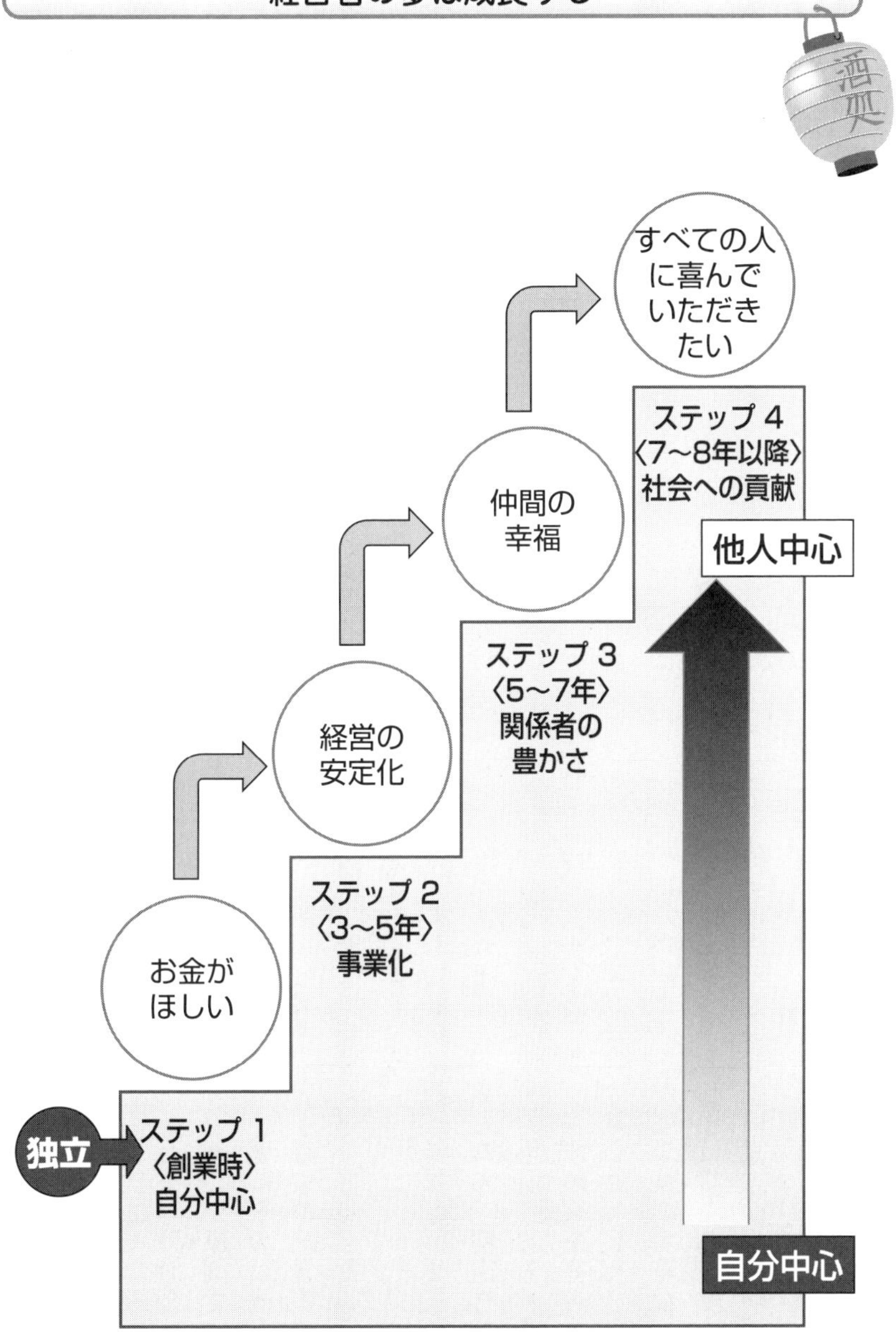
すべての人に喜んでいただきたい
ステップ4
〈7～8年以降〉
社会への貢献
他人中心
仲間の幸福
ステップ3
〈5～7年〉
関係者の豊かさ
経営の安定化
ステップ2
〈3～5年〉
事業化
お金がほしい
独立
ステップ1
〈創業時〉
自分中心
自分中心

2 今日から、経営者の考え方を身につけよう

父親が経営する会社が倒産。勤めていた大手企業を辞め、父親に代って債権者会議を開き、5年で借金返済を約束する――これが、籾山《もみやま》社長の経営者としてのスタートになりました。現在は群馬県で、海鮮居酒屋を中心とした中堅企業となっています。しかも、無借金経営という安全経営をとりながらも成長を続けています。

その籾山社長から学んだ、経営者として身につけなければならない四つのポイントを整理しました。

●四つのポイントを自分の習慣に

(1)すぐ実行……やらなければならないことを明日に回さない。いつまでに実行するかを決めるときも、一番早くできる時間や日を設定するように、常に心がける。「いま、実行」と、まず考えるクセを身につける。

(2)明るく……明るい表情や話しぶりは、人を引きつけます。逆に、暗い態度の人は人を遠ざけます。サービス業である飲食業、しかも固定客が多い居酒屋で商売をするのです。あなたの「明るさ」は、お客さまは言うに及ばず、あなたが必要としている情報を持っている人や一所懸命に働いてくれる従業員までも、引き寄せることができるでしょう。

(3)節約する……ムダなお金は遣わない。お金は、お客さまとの関係の強いところから遣うのが原則です。飲食店で、お客さまともっとも関係が強いものは商品です。商品→従業員（サービス）→店→将来の経営の安定や環境変化への対応→そして最後が自分自身、というように考えて、お金を遣いましょう。

(4)約束を守る……私は経営者と待ち合わせをして、待たされた経験がありません。もちろん、籾山社長もそうです。約束の5分前には必ずその場所におられます。成功される方は、大小を問わず、必ず約束を守られます。商売で大切なのは、店の開閉時間です。1人で商売をすると、5分や10分のルーズさが生まれやすくなります。しかし、それではお客さまの信頼は得られません。小さなことでも約束は守るという強い意志が、成功に導いてくれるのです。

これら四つのポイントが自分自身の習慣となるように、いまから準備してください。

経営者として成功するために、4つの習慣を身につけよう

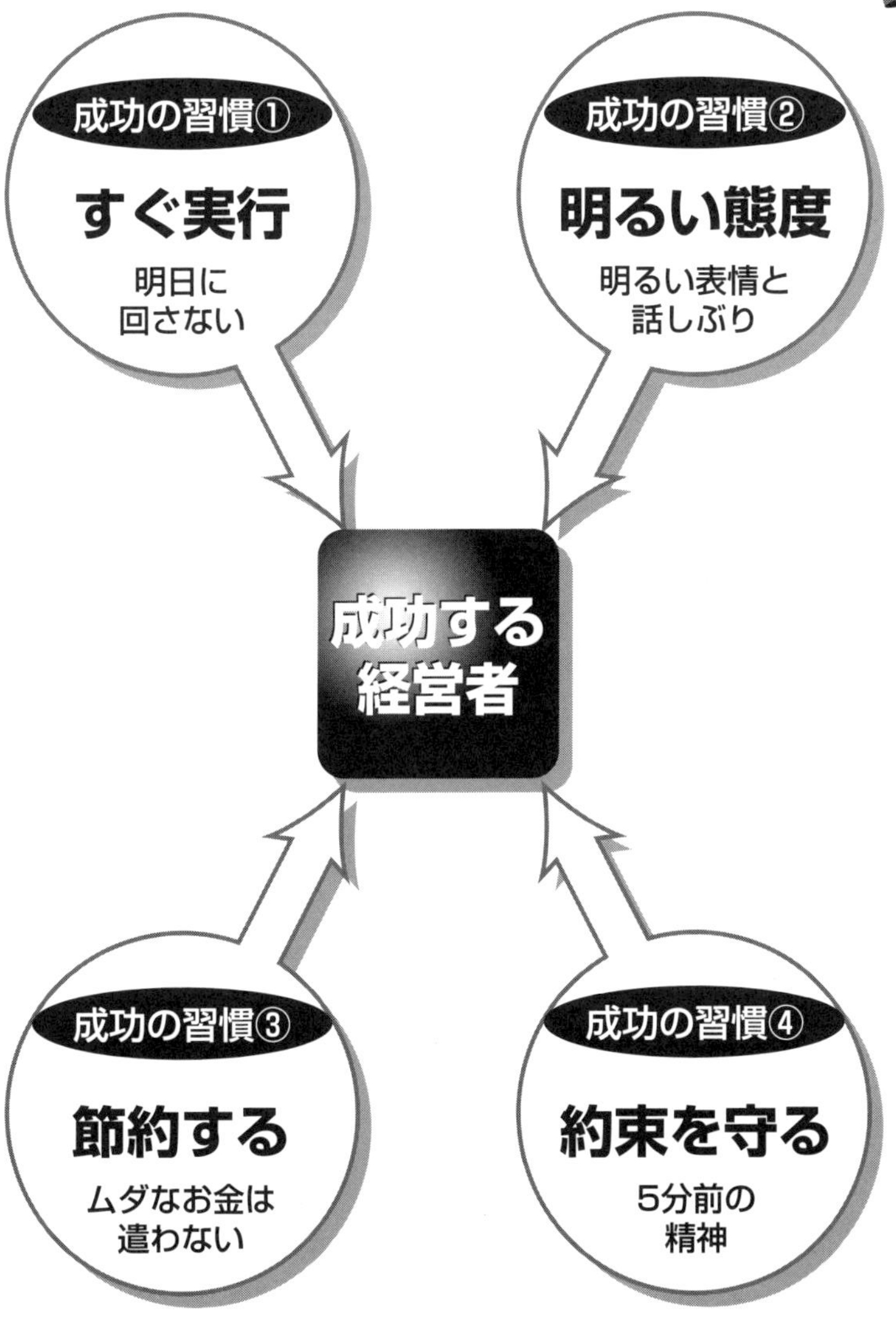

3 経営者になることが、自己成長の最高手段

●店長と経営者は大きく違う

自分の店の近くに、新しい店ができる場合、店長なら、「どんな店ができるのか」といった関心しか示さない人が多いようです。

しかし、経営者は違います。自分の店への影響について、常に不安がよぎります。実際に、出入りの業者に、その店のことを聞くなどして、開店前からも情報を得ようとします。また開店すれば、自分の目で確かめに行きます。

このように、店長と経営者との差は大きいのです。経営者は、人に頼らず自ら行動し、自分で責任をとる。そんな習慣が身についてくるのです。

●「経営」は自己成長の格好の機会

経営者の特徴は、次のような点です。

(1)不安をバネにするから自己成長する……店の売上げがなくなったらどうしようという不安が、いつも頭のどこかにあり、その不安が積極的な行動を生みます。より強い店にするために、行動の即時性を身につける人が、経営者には多いのです。

(2)前向きな考えをするから自己成長する……競合店ができたとか、景気が悪いとか、それが事実だとしても、何も手を打たなければ愚痴にすぎません。経営者なら、そう気がつくようになります。私の知る成功経営者のほとんどの方が前向きな考え方を身につけているのも、そのようなことを体験しているからのようです。

(3)人から学ぶから自己成長する……店をさらによくするためには、自分の経験だけでは難しくなります。さまざまな人にアドバイスを求めます。また趣味でなく、必要に迫られて本を読むようになり、読書グセが身につく経営者も多いようです。経営者になると、〝自分の成長が店の成長につながる〟ことを、より強く実感するようになります。自分の考えに壁を作らないことが、自己成長のコツなのです。

経営者になることによってこの3点が身につき、自己成長させるようです。それだけ、経営者はお客さまの満足や店の収益がすぐにはね返る仕事と言えるかもしれません。経営者になること、それが自己成長への最高の手段と言っても言い過ぎではないと思います。

自己成長を続ける経営者が持つ3つの特徴

売上げ
○○を
取り入れてみよう
不安をバネにする
OPEN
負けないぞ
前向きな考えをする
なるほど!!
人から学ぶ

4 「お叱り葉書」には改善のテーマがいっぱい！

全国にチェーン展開する「まいどおおきに食堂」を経営するフジオフード大阪本社を訪問したときのことです。

その会社を訪問するお客さまは受付した後、入口の右側にある応接コーナーで担当者と打ち合わせをするようになっています。

左側は、社員が仕事をする事務スペースとなっているのですが、そちら側に「お叱り葉書」というコーナーがあり、社員全員が目を通せるように掲示されています。

●お客さまの不満に目を向けよう

「私はこの葉書を見るたびに、胸が痛くなるんですよ」

同社の藤尾社長は、そう私に話してくれました。

その「お叱り葉書」は全国に展開する店に来店するお客さまの不満が書かれたものでした。そのコメントには、経営改善のヒントが数多く含まれているようです。

よい意見にはどうしても目が向いてしまいますが、そうすると、悪い部分の具体的な改善点は見つけにくくなってしまいます。しかし不満にこそ、売上アップの有効な対策の種がある、と藤尾社長は話してくれました。

●不満の中にこそ改善のヒントがある

お客さまの中にはお会計の際、ちょっとしたひと言を口にする方がいます。その内容は大きく二つに分けられます。

(1)ちょっとしたあいさつ代わり……「おいしかった」、「また来るよ」などの肯定的な表現。一見、おほめの言葉のように思えますが、これは「ちょっとしたあいさつ代わり」と受け止めたほうがよいでしょう。

(2)ちょっとした評価……お客さまの本当の評価は、具体的な内容になります。たとえば、「この商品、ボリュームがあるね」とか、一緒に来店した人に向かって「おいしいんだよ」など、飲食中や会計時のさまざまな場面で、〝ちょっとした評価〟を口にします。

「ちょっとした評価」には、ほめる場合も不満を示す場合もあります。店のオーナーとして、どちらの内容が受け入れやすいかというと、それはおほめの意見です。お客さまの不満に関しては、「そういう方もいる」、「あれはたまたまだ」というように考えて無視しがちです。

だからこそ、「不満」にあえて目を向け、改善のヒントを見つけることで、具体的な営業対策が見つかるのです。

経営改善のヒントは、お客さまの発する不満の中にこそある

アメリカの超繁盛スーパーマーケットの「スチューレオナード」では、この用紙でお客さまの声を1日100枚以上集めて経営改善を実施している

5 ときには、自分で自分を勇気づけることも必要

●独りでの経営は大変だ

10年ほど前の話になります。大阪で自宅の1階を改装して、小さな飲食店（お好み焼き）を経営している女性がいました。店は、その方1人で切り盛りしており、従業員を必要とするほどの売上げでもありませんでした。

その方が、私が主催する月1回、6ヶ月間の飲食店勉強会に参加されました。当然、その日は店を休んでの参加です。

その勉強会で、さまざまな売上アップの方法をアドバイスさせていただきましたが、最後にどうしても気になることがひとつだけ残りました。

それは、1人で働いているということでした。自分を励ましてくれたり、気持ちを引きしめてくれるような注意をする、同僚や上司がいないのです。経営者といえども、やはり1人だけで働いていると、目標を見失いがちになります。

●「1人ミーティング」のすすめ

そこで私は、「1人ミーティング」をやってもらうことを提案しました。

店の開店時間の5分前。鏡に向かって自分の顔を見ます。そして、自分の顔に向かって、①明るい笑顔を投げかける、②「今日も1日がんばろう」と、声に出してあいさつをする、③最後に、今日の目標を鏡に向かって宣言する、という三つのことを実行してもらうようにお願いしました。これが、1人ミーティングです。

それから5～6年たった頃、その方から手紙をいただきました。

テレビの番組で、繁盛店として取材を受けたので、その番組を見てほしいという内容でした。そして、手紙の最後には、現在、昼5人、夜6人の従業員と働いているということに触れ、さらに現在は、このメンバーとともにミーティングを実施しているという内容で締めくくられていました。

自分が経営者として店をやっていると、ときには落ち込むこともあるかもしれません。自分で自分を勇気づけるコツを身につける大切さを、改めて、私自身が学びました。

「1人ミーティング」で自分を勇気づけよう

6 お客さまを中心に据えた原価意識が大切

「原価意識を身につけなさい。それが大手居酒屋に勝つコツです」――私は開業準備をすすめている方に、必ずこのように言います。

原価意識とは、「ムダと必要」の区別をはっきりとつけることです。小さな居酒屋にとって〝一番必要なこと〟は集客力のある商品を作ることにあります。他の居酒屋と差別化するためには、〝目玉〟になるようなわかりやすい一番商品が必要だからです。

居酒屋経営に慣れた方でも、この〝目玉〟はやはり原価が高いようです。原価率50％以上ということも、決して珍しい話ではありません。しかし、大手居酒屋チェーンでは、このような〝目玉〟を作ることはまずありません。だからこそ差別化になり、集客できるのです。

ところが、このような高原価率商品ばかりの構成では、損益分岐点売上が高くなり、思うような利益は出しにくくなってしまいます。

●お客さまに直接関係しないコストは徹底的にケチる

大手居酒屋での一般的なコストの考え方は、①食材費28～33％、②人件25～30％という二つのコストを中心に考えます。食材費と人件費を足したコストは60％以内というのが、一般的な大手の原価指標です。

しかし、「小さな居酒屋」には別の考え方が必要です。それは、①食材原価、②運営経費、③時間という三つのポイントで考えます。

大手は人件費（労働時間）と食材原価を抑えるために、メーカー規格の加工商品に頼らざるを得なくなります。しかし、小さな居酒屋では十分に時間を使うことができます。自分自身が働くことによって、「時間コスト」をゼロにすることができるのです。

自分で仕入れる、原材料から自分の手で仕込む。すべてでなくても全体の20％については、そのように取り組みましょう。それによって、「儲かり、魅力のある商品」を作ることができるのです。

水道代やガス代などの経費は、自分の目と手を使ってこまめに管理します。そうやって生まれた「時間」と「原価意識」を徹底してお客さま中心に使うと、強い集客力と安定利益の二つを得ることができます。

大手とは異なる原価意識を持つことが大切

H. 20年11月22日

全社員へ

『 高松魚市場仕入 』について

1. 目　的

① 刺身全体の原価率を下げる為
② 刺身の盛込みのお値打ち感をUpさせる為
③ 刺身の盛込みの姿造りの選択が出来る様な魚種を入れる為
④ 超目玉商品になりうる物を探す為
⑤ 解体実演に使える魚を仕入れる為

などなど

2.『 高松魚市場仕入　指示表 』

● 活用の仕方

① 部長 と 店側（各店　店長・料理長）とのコミュニケーションを高める為　【重要】
魚の良し悪しも含め、評価の報告も兼ねる　《 部長 ⇔ 店側 》

② 入荷した魚が、出来る限り有効（高値で）に使用される為　【重要】
魚が、どのように使われたのか？ ・ 単価がどのくらいに付いているのか？　などなど

③ メニューに記載する情報として

④ 魚屋をけん制する為

※ 表の右側　歩留 ・ 単価 ・ 実質用途　の3項目は

必ず　毎回その日の夜 10:00までに

記入した物を、部長までFAXを送り返す事‼

わざわざ、市場まで出向いて行くのだから、買う方 と 売る方の温度差をしっかり埋めて欲しい
売る方もしっかりと意識を高め、コミュニケーションを取って
上記目的はもちろんの事、お客様に一生懸命アピールして売って頂きたい。

部　長

魚市場に行って直接仕入れることによって、原価率の低下やお客さまに魅力ある目玉商品が実現できる—海鮮うまいもんや浜海道・香川

7 〝眠ってしまうお金〟を作っては絶対にダメ！

●お金には五つの性格がある

「自分の時間を目いっぱい使って一所懸命に商売するのだから、儲けなければなりません。将来の変化を考えても、儲けが必要です」。利益を作るコツは〝眠ってしまうお金を作らない〟ことです。

お金には、次の五つの性格があります。①常に動いているお金（運転資金）、②動くお金を増やすために使うお金（投資）、③在庫品として眠っているお金（在庫）、④掛けで売ったまま眠っているお金（未収金）、⑤手元に残るお金（利益）。

●小さなお金が一所懸命に動くから儲かる

①の常に動くお金（たとえば食材仕入れ）を、計画的に少しずつ大きくすることによって、⑤の手元に残るお金（利益）を増やしていきます。そして、⑤の手元金（利益）の一部を、①運転資金や②投資に回すことによって、⑤の利益を増やすというサイクルを作ります。

①運転資金→⑤利益→②投資→運転資金の増大→利益の増大、というのが「お金の善循環」であり、この善循環は、動くお金が作ります。

しかしお金には、眠ってしまう性格のものもあります。③在庫、④未収金です。食材などの仕入れを増やすことで売上げを伸ばすわけですが、思うように売上げが伸びないと在庫として眠る時間が多くなります。眠る時間を極力少なくするために、おすすめメニューなどの販売促進を実施しなければなりません。このように在庫には注意が必要ですが、比較的動くお金に換えやすいものです。

ただ、④の掛け売りとして眠るお金は、非常に難しい性格のお金です。居酒屋には酒がつきもので、しかも固定客の多い商売です。そのため、掛け売りを要求するお客さまも少なくありません。

しかし、売掛金が現金化されるには時間がかかります。在庫より、さらに眠る性格のお金です。しかも、こちらの努力だけでは現金化しません。相手の意志に委ねられてしまうからです。

結論は簡単。お金を眠らせず、小さなお金が一所懸命動いてくれるから、大きなお金となるのです。これが、小さな店の成功のコツです。

お金の5つの性格を知り、「お金の善循環」を作り上げよう

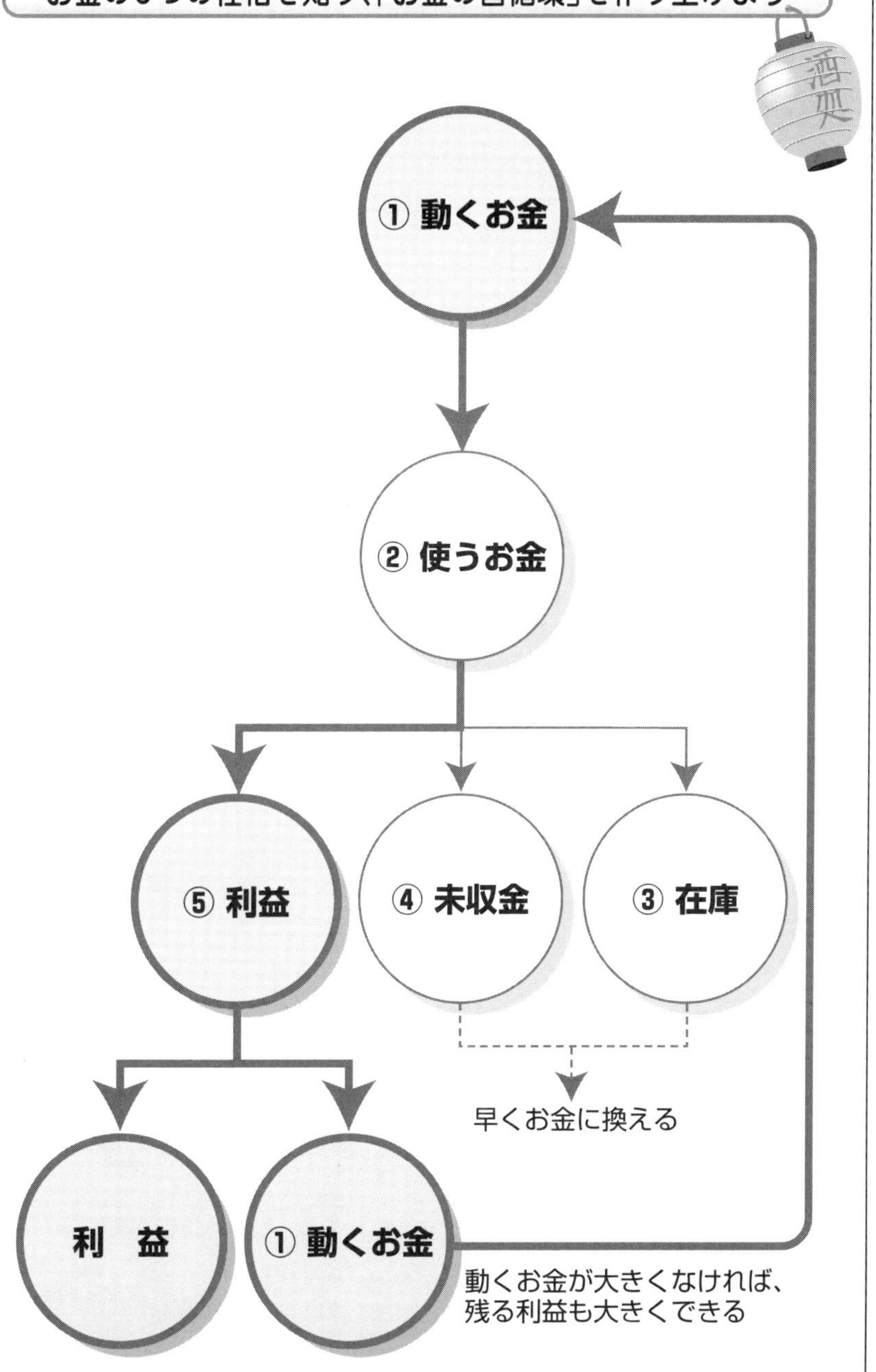

8 成功する企業はここが違う

ある飲食企業で、店長研修をしていたときのことです。

その会社は、前年に大きな赤字を出していました。しかも3年連続で、既存店の売上ダウンが続いていました。

しかし原点に戻って、全社員に対して経営理念の徹底した浸透を図ろうとしていました。

●経営を取り巻く三つの「人間関係」を大切に

その会社の理念のひとつに、〝自社を取り巻く人たちの幸福の実現〟という項目がありました。多くの企業でも、その内容は経営理念に入っているようです。

私は、ある店長に「業者さんには、どんな態度をとっていますか」と質問しました。

納品の際、「おはようございます」とか「ありがとうございます」といったお声がけをしているかと質問してみましたが、その店長は「そんなことはしていない」とのことでした。

そこに同席していた社長が、経営理念にある人間関係の大切さを全員に話されました。

業者への暖かな言葉がけ、また納品の手伝いなどの大切さを、心をこめて話されたのです。

ある飲食企業の経営方針では、業者に対する〝ねぎらいの言葉〟、〝納品のお手伝い〟、〝年に1度のご家族招待〟という三つの方針が書かれていました。

成功する企業は、このような違いがあるとはっきりと再認識させられました。

●高まり続けるお客さまからの要望に応えるために

店に対するお客さまの要望はどんどんエスカレートしていきます。そうした要望に応えるためには、売れ筋商品の情報を得たり、繁盛店を見学するなどして学んでいかなければなりません。

商品や繁盛店の情報は、業者から得ることができます。信頼のおける業者は、信頼できる居酒屋を顧客として持っているため、質の高い情報が期待できます。

自分の店で商談する以外にも、ときには自分から業者に出向いて、そこで働く従業員や商品、またその取り扱い方などを、自分自身の目でたしかめる姿勢が大切です。

前述の企業はその年には業績改善され、その後3年で上場をはたしました。

経営を成り立たせる3つの人間関係の基本は"信頼"
お客様
信頼
取引業者
信頼
従業員
信頼

9 「成功できる経営者」の資質度チェック

●成功を約束する四つの特性

私がいままで知り合った経営者の中でも、成功している経営者には多くの共通点があります。その行動や考え方のポイントを、「成功する経営者の四つの特性」として掲げてみます。

(1)行動力《自主性があり、積極的に行動する》

自分の思いに対して、素直に行動でき、その行動力がずばぬけた方が多い。さらに、行動の主導権を自分自身が持っている。

(2)計画力《事前の計画を重視している》

やみくもに行動するのではなく、必ず計画を作って行動を整理している。時間の重要性を把握しており、効率よく仕事を進めようとしている。

(3)目標設定力《目標を具体的にし、実現可能にする》

目標は達成するものという位置づけが、確信を持ってなされている。常に目標を置き、そのために行動することの重要性を身につけている。

(4)動機づけ力《自分自身に対して動機づけできる》

経営者は孤独な面を持っているため、自分自身で動機づけをしていく必要がある。そのため、決して最後まで仕事を投げ出さない厳しさを、自分自身の中に持ち続けている。

●まず、自分のよいところを磨き込む

当然ながら、実力のある経営者といえども、最初からこの四つの基本力を身につけていたわけではなく、毎日の仕事を通して、自らクセとして身につけている方も多いようです。

次ページでは、この「四つの特性」を20のポイントでさらにくわしくして、チェックリストにしておきました。自分自身で採点してみてください。

大切なことは、点数の高さではなく、自分のよいところや「強み」を知り、それを徹底的に磨き込むようにすることです。その後、経営という実践を通して、四つの基本力をバランスよく身につけていただきたいと思います。

店や会社は、自分の力以上には大きくなりません。自分の力がすべての基本なのです。

経営者として成功できるかどうかのチェックリスト

◎……できている（5）　△……できていることもある（1）
○……大部分できている（3）　×……ほとんどできていない（－2）

		◎	○	△	×	計
（1）行動力	①仕事を後に回さない。今日できることは今日中に。いまできることは、いま実行するように心がけている					
	②興味のあるものは、必ず自分の目で確かめる					
	③その場で「対策」を決断しようとしている					
	④わからないことは、その場で聞ける					
	⑤自分の問題を「環境や他人」に責任転嫁をしない					
（2）計画力	⑥時間を効率よく使っている					
	⑦月間のスケジュールを前月には決めている					
	⑧そのスケジュールは、いつも2／3以上埋まっている					
	⑨新店の経営計画書をすでに作成している					
	⑩自分自身の「人生設計」を立てている					
（3）目標設定力	⑪現状（売上げや環境など）に満足せずに、「次のこと」をいつも考えている					
	⑫目標は、必ず具体化（数字や期日など）している					
	⑬この1年以内に目標を達成した経験がある					
	⑭いまから3年後の自分の「ゴール」が具体的に言える					
	⑮目標が達成できそうにない場合は、対策や行動を修正している					
（4）（自分への）動機づけ力	⑯判断に迷うとき、判断基準となるような「原点」を持っている					
	⑰自分で自分のことを卑下することはなく、肯定的な考え方を持っている					
	⑱他人を認め、アドバイスに素直に耳を傾けられる					
	⑲いつも、「次の挑戦テーマ」を持っている					
	⑳人のために役立ちたいと考えている					

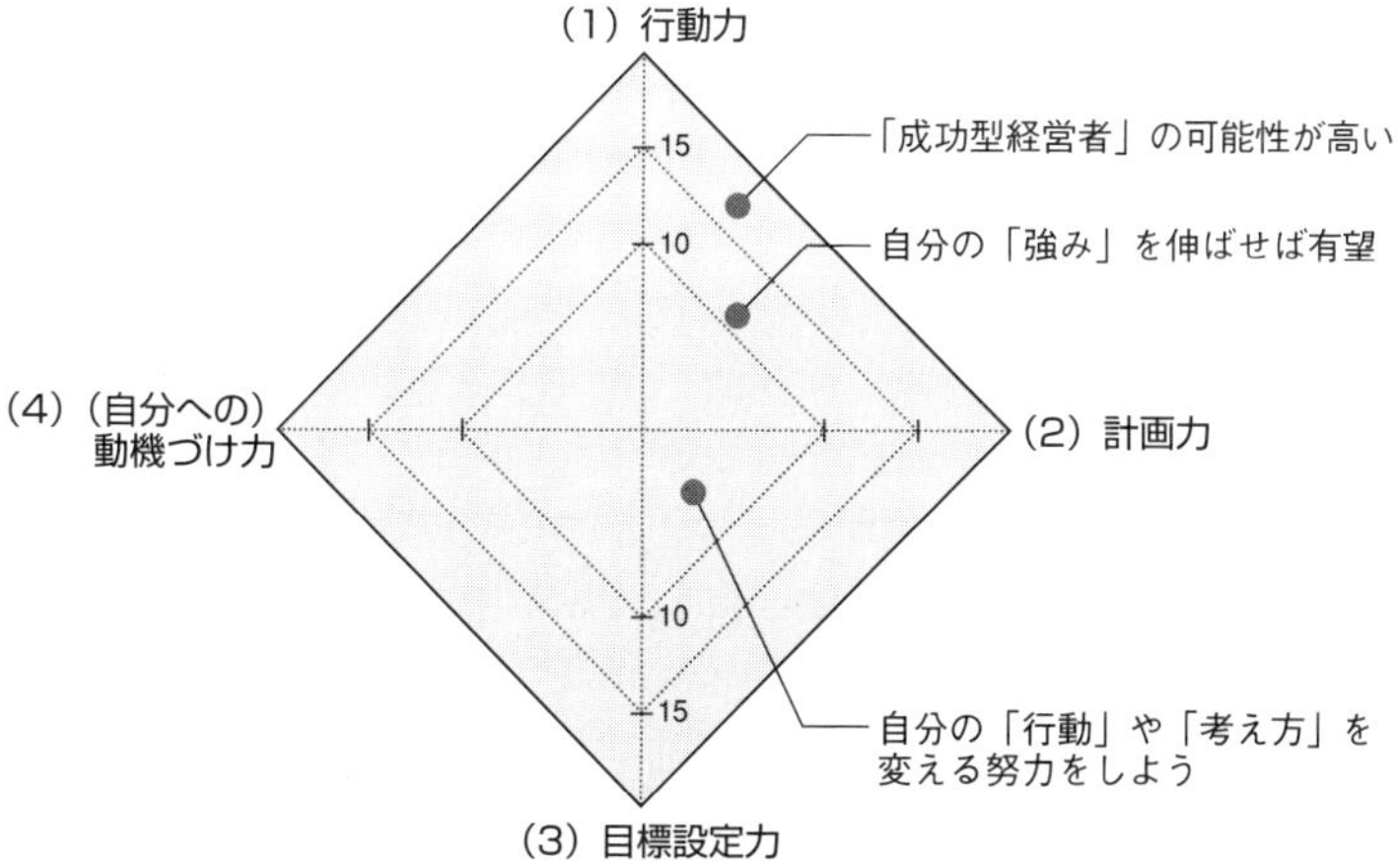

10 だれをパートナーにするべきか

7年ほど前のことです。岡山県の倉敷に4人のオーナーで共同経営している居酒屋がありました。売上不振ということで、いくつかの活性化アドバイスをしました。

しかし、提案内容に大筋では合意するのですが、具体的な詰めの段階に入ると、オーナー同士の意見の対立が起こり、結局、具体策はなかなか決まりませんでした。まさに、「船頭多くして、船、山に登る」の諺どおりでした。

結局その店は、3年後にはなくなってしまいました。

あなたのパートナーは、だれがいいのでしょうか。

●生活のための商売なら家族がよい

商売を自分の生活のためというように考えている場合は、家族をパートナーとするのが最適です。家族なら、あえて教育をしなくても、生活がかかっているわけですから意識も高いし、あなた自身も自分の仕事に集中することができます。

ただし、生活の安定を重視する傾向が強いですから、商売の広がりは期待しづらい面があることは否定できないでしょう。

●事業化するなら、3～6ヶ月後をメドに社員の採用を

将来の事業化を目指すなら、1～2年の期間を設定して、家族の力を借りてもいいでしょう。それは、商売を広げるための資金を作るためです。

家族の力を借りずに、1人ではじめることもすばらしいと思います。

店の規模によっては、従業員を採用すればよいと思いますが、考え方の違いや遠慮も起きて、自分の意志を通せない場合があるかもしれません。せっかく独立したのに、そんなことが発生すれば、お客さまに集中できません。最初の従業員は、仕事のウエイトが低いアルバイトで考えたほうがいいようです。

しかし、開店から3～6ヶ月で事業体制は整います。そのあたりを目標に、社員採用を考えればよいと思います。

また、相談のできる人を、必ず見つけておいてください。あなたを客観的に評価してくれそうな人を、開店前に見つけるのが成功のポイントです。

一緒に繁盛店づくりを目指してくれるパートナーとは?

3章 立地について徹底的に考えよう

これからが楽しみな「郊外立地」を中心にして

1 やっぱり居酒屋の集客力はすごい！

●三等立地でも、行列のできる居酒屋がある

先にも少し触れましたが、横浜のイタリアン居酒屋「チーズカフェ」や焼きとり屋「伝兵衛」は、いつも待ち客のいる繁盛店です。

しかしその立地は、お世辞にも好立地とは言えない三等立地です。繁華街からは遠く離れているし、メインの道からはずれた裏通りにあります。そして、その道はあまり人が歩いていません。と言うのも、その裏通りはラブホテル街に面しているからです。

そんな悪条件でありながら、行列のできる繁盛店になっています。「居酒屋は三等立地でも商売ができる」という好例と言えるでしょう。

●居酒屋の集客力が高い秘密

なぜ居酒屋は、それほどまでに集客力が高いのでしょうか。もう一度、三つのポイントで整理してみましょう。

(1)予算に対する安心感がある

居酒屋での出費は、よほどの高級店でないかぎり、安くて2000円、高くても5000〜6000円程度です。ほとんどの店が、3000円前後の予算でなんとかなりそうです。利用するお客さまのほうも、そのことをよく知っています。

(2)単品価格が安い

居酒屋の単品価格は、1000円以下という店がほとんどです。多くは、400〜500円を中心に品揃えをしています。

このように、単品価格が安いため、お客さまとしては価格に対するプレッシャーのようなものが少ないことも また、居酒屋の集客力の元になっています。

(3)商品になじみ性がある

居酒屋のメニューは、食べなれた商品で品揃えをしている店が多く、メニュー名だけでどんな商品かが簡単に想像できます。このように、なじみ性の強い商品で構成されているため、安心して注文できます。

この三つのポイントが、お客さまをお店に入りやすくさせています。この入りやすさが、どんな立地でも集客できる重要なポイントなのです。

こんな三等立地でも行列のできる店がある

人通りの少ない道の右奥（二人連れの通行人がいる右手）に「伝兵衛」と「チーズカフェ」がある。こんな目立たない立地でも、お客さまは集まってくる

ラブホテル街に面した「伝兵衛」と「チーズカフェ」の立地は、決してよいとは言えない

2 同じ居酒屋でも業態によって成功立地は変わる

●居酒屋にも業態の違いが

ひと口に居酒屋と言っても、主力として扱う商品も客単価も異なり、大きく四つのタイプに分かれます。

(1)コンビニ系……「和民」「白木屋」などの全国チェーン。品揃えの中心価格は300～400円。20代を中心にした客層で構成され、営業時間は長く深夜まで営業している

(2)創作系……「えん」(東京)、「月の雫」(東京)など。店舗の照明は抑え気味で、席間の間仕切りをするなどして居住性を高くする工夫をしている店が多い。商品は、提供スタイルや素材に工夫を凝らした創作性を持つ店が多い800円台を売れ筋の価格にしている。600～

(3)専門系……「魚金」(東京)、「車屋」(東京)など。主力商品が明確な、専門性が高い居酒屋。客層は広く、遠方から〝わざわざ〟来店するお客さまが多い

(4)日常系……「さくら水産」(東京)、「魚三」(東京)など。会社の帰りに同僚と飲むといった気軽な来店が多い。1人や2人という少人数の来店客が多いのが特徴。サラリーマン客が多い

●業態ごとの成功立地のポイント

これらの業態ごとに、成功する立地のポイントが異なっています。

(1)コンビニ系……①駅前、繁華街、②メインとなる通りに面していること、③営業時間が長く、土、日曜日の営業が必要なため、完全なビジネス街にはあまり向かない

(2)創作系……①繁華街中心、②飲食ビルなどへの出店の場合、階数を選ばない、③周辺に、ショッピング街や百貨店などがあれば最適

(3)専門店……①ビジネス街、深夜まで営業をしているスナックなどが集まった歓楽街の周辺もよい。店で待ち合わせるケースも多く、場所の説明がしやすいことがポイント(○○ビルの隣、○丁目交差点の角など)

(4)日常系……①ビジネス街から駅までの周辺ならどこでもよい、②立地ポイントを選ばない。三等立地や路地裏でもよい、③周辺で最も家賃が安いところ、固定費を抑えた分を商品原価に回す店が多い

居酒屋は大きく4つの業態に分かれる

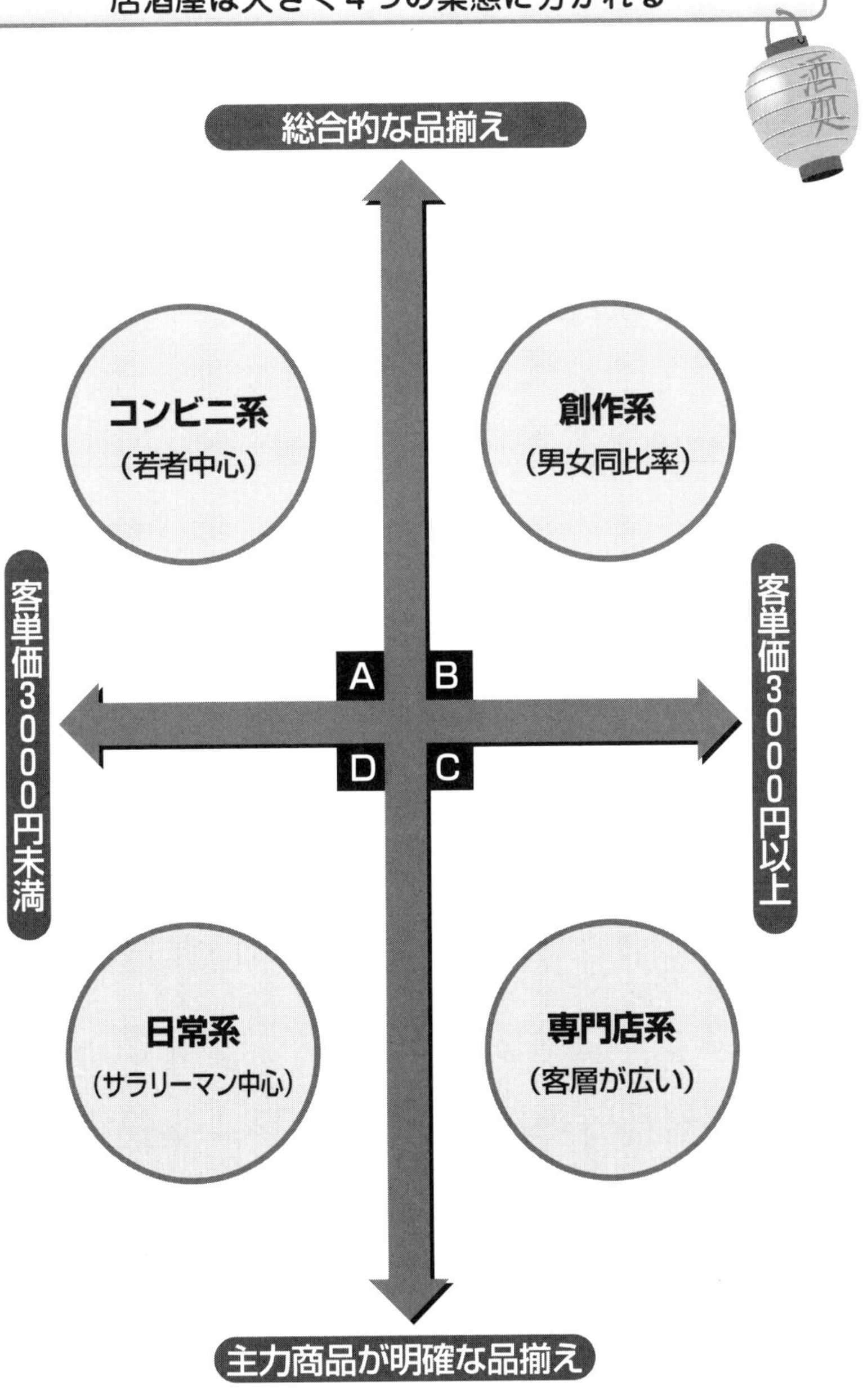

3 一番店になれる立地を探そう

●一番店になるために

香川の海鮮居酒屋「浜海道」は、80坪で年商2億6000万円という超繁盛店です。同店は、商品もおもてなしもすばらしいのですが、立地の着眼にも感心させられます。開業当時、半径7キロ内には競合店はありませんでした。

繁盛店になるためには、一番店になることが必要ですが、簡単に一番店になれる方法があります。それは、一番店になれる立地に出店することです。

当たり前のように思われるかもしれませんが、これはマーケティングの大原則です。一番になるには、一番になれる立地に出店するか、一番になれる商品を持つか、この二つの方法しかないのです。

●一番になれる立地を見つけよう

一番になれる立地は、次のようにして見つけます。

(1)繁盛店を見つける……友人や業者などに聞いて、繁盛店を見つけるのです。そして、その店を地図に落とし込んでいきます。

(2)半径300メートルの円を描く……繁盛店を中心に、繁華街や住宅地なら、半径300メートルの円を描きます。繁盛店が非常に多い場所なら、主力商品や対象客が自店と同様の店に絞り込むのがコツです。車で利用する郊外店なら5キロが目安です。

(3)人の流れや人が密集するところに印をつける……人の流れの多い歩道を赤線で塗ります。事務所や住宅地など、人が密集する地域を赤で塗りつぶします。駅などもその要素のひとつです。

(4)立地を見つける……円の外側を見ます。そして、赤線の人の流れと赤く塗りつぶされた人が密集する地域で、その円の外側に近いところを青印で丸を描くのです。五つをメドに青丸をつけていきます。

(5)優先順位をつける……その青い丸印に優先順位をつけます。人の多いところから順に、1、2と番号をつけます。それが一番になれる立地の候補です。

その結果を元に、不動産業者に物件探しの依頼をしますが、必ず自分の目と足を使って、その候補地で物件を探すのが基本です。

繁盛店から300m外を目安に候補地を探そう

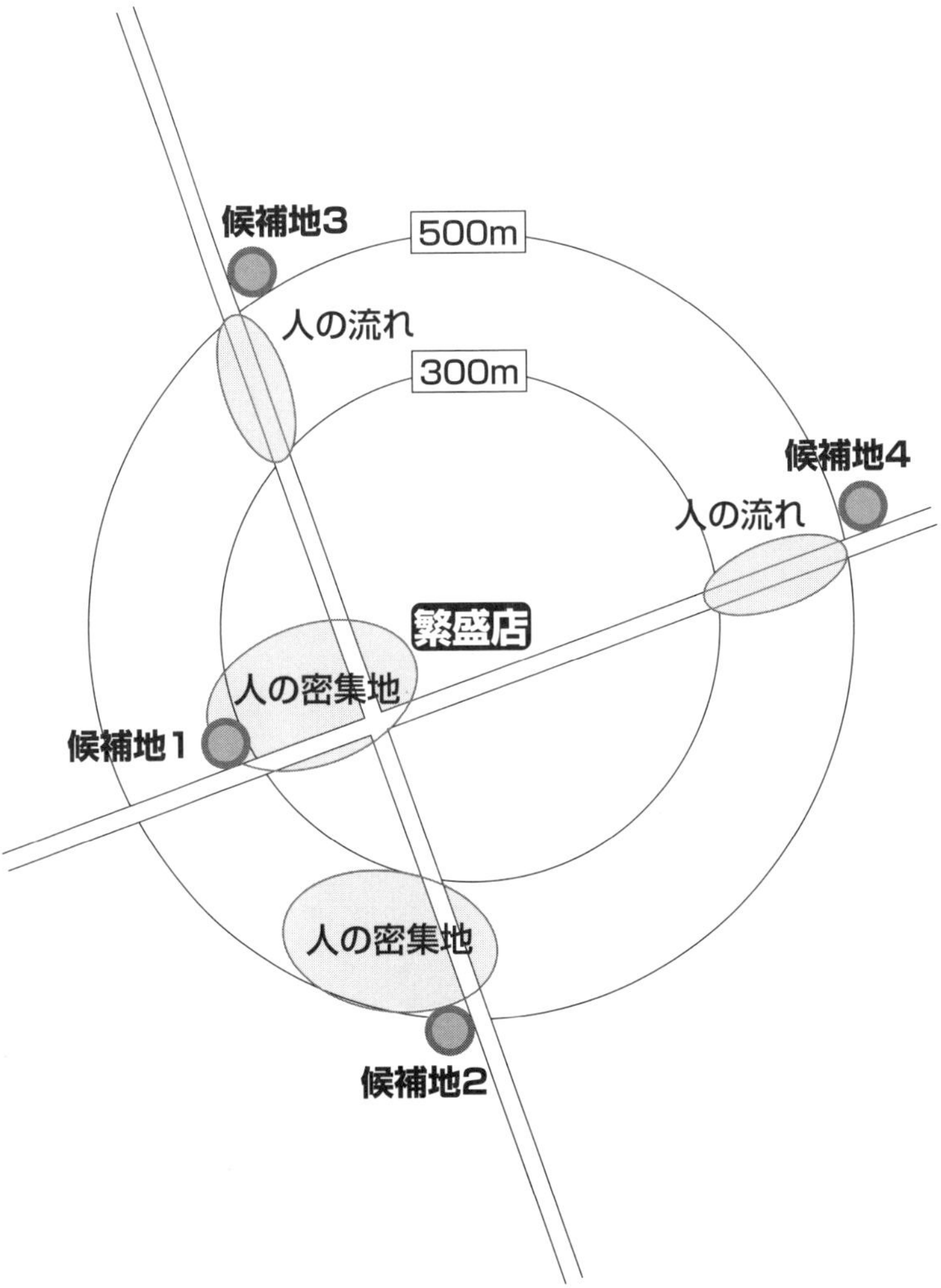

4 居抜き物件は慎重に！

●不動産業者の甘言に乗せられるな

「前の店もけっこう儲かっていたみたいですよ。もっと大きな店にしたいらしくて、別の場所に移ったみたいですね」と言う不動産業者。

設備の揃った居抜き物件は魅力的です。投資のことを考えても、出費を少なく抑えられますから、飛びつきたくなります。

関西を中心に展開する、焼きとりの繁盛チェーンがあります。その店が一度、居抜きの物件に出店したことがあります。非常に条件がよく、損益分岐点売上げが低く抑えられるからです。

しかしいざ開店したものの、思い通りの売上げにはなりませんでした。そして1年で撤退。そのチェーンの社長はそれを反省し、その後、居抜き物件への出店はしていません。

不動産業者も仕事ですから、これから借りようとする人に不安を与えるようなことは決して言わないでしょうから、居抜き物件には慎重になってください。

●居抜き物件を判断するための10のチェックポイント

その居抜き物件を判断する一助として、次の10項目でチェックしてみてください。

①思わず足を止めるような存在感があるか、②入りやすい造りか、③看板やのれんなどが印象に残るか、④おいしさの印象はあるか、⑤店内に入っての第一印象の強烈さはあるか、⑥店内に活気感は作れるか、⑦ひと目でお客さまの状況が把握できるか、⑧店主が入口でお客さまをお迎えできるか、⑨お客さまがほどよく回転する効率はよいか、⑩お客さまを集められるか。

これらの7項目以上でOKが出ないようなら、前の店の売上げはよくなかったと判断してください。

それでも立地的によい場所ならば、せっかくの居抜き物件であっても、全面的なリニューアルを考えたほうがよいでしょう。

そのリニューアルにかかる費用と、立地のよさを秤にかけて意志決定をするわけです。「おいしい商品を出せば、なんとかなる」と安易に考えていると、ずさんな決断をしてしまいかねないため要注意です。

居抜き物件を判断するためのチェックリスト

	項　目	ポイント	評　価		
1	思わず足を止めるような存在感	間口の大きさ	○	△	×
2	入りやすいか	店内が見える	○	△	×
3	看板やのれんが印象に残るか	大きなのれんが設置できる。看板は50m先から見える	○	△	×
4	おいしさの印象はあるか	外から実演が見える	○	△	×
5	店内に入っての第一印象の強さ	入口2m以内で実演できる、ネタケースが置ける	○	△	×
6	店内に活気感は作れるか	通路幅1.2m以内でテーブルや椅子が配置できる	○	△	×
7	ひと目でお客さまの状況が把握できるか	お客さまの視線を殺すようなものはないか（衝立・襖など）	○	△	×
8	店主が入口でお客さまをお迎えできるか	入口2m以内に店主の立つスペースがとれる（レジや焼き台などの主力の調理台）	○	△	×
9	お客さまがほどよく回転するための効率はよいか	坪当たり1.5席以上の座席が確保できるか	○	△	×
10	お客さまを集められるか	店から50m以内に人の流れがあるか	○	△	×
		集　計			
		最終評価	○	△	×

5 売上げはこうすれば読める

●度胸だけを頼りに出店しようとしていないか

「よい商品を出していれば、売上げは後からついてくるものだ」——本当にそうでしょうか。初めての出店を、度胸だけに任せてよいはずがありません。売上予測もできずに出店するなど、貴重なお金をドブに捨てるようなものです。

売上予測のやり方は簡単です。素人にでも、簡単にできる方法があります。

●同業他店との比較を織り込む

まず、年間坪当たり売上げを基準に、自店の売上げを予測します。地域一番店なら、年間1坪当たり300万円は売り上げられます。たとえば10坪の店を開店する場合、10坪×300万円＝3000万円として設定することができます。

しかし、新規で開業する場合、まず地域一番店にはなれないと考えたほうがよいでしょう。私は、一番店クラスと一般店との間にある「1・5番店」を基準に考えます。1・5番店の坪当たり年間売上げは160万円です。

出店予定の場所から、周辺にあるめぼしい店を五つ選んでください。そして、実際に食事をし、①商品力、②お値打ち力、③品揃えのよさ、④もてなしのよさ、⑤立地のよさの5項目で評価します。

この評価内容を、自分が計画している店の営業内容と比較します。トータルの評価で、比較した5店舗すべてに力が上回る場合は、100％の力がアップします。

すると、基準坪売上げ160万円×自店力（基本店舗力100％＋競合店との比較力100％＝200％）＝予測坪売上げ320万円となります。これに店舗面積をかけ合わせると、予測年間売上げが算出されます。

逆に、3店以上に負けると考えられる場合は、マイナス20％となります。それが5項目すべてなら、マイナス50％ですから、100％－50％＝50％の店舗力、160万円×50％＝80万円と予測できます。

自分の計画する店には、思い入れも大きいと思います。そのため、正しい評価ができない可能性も充分に考えられます。友人に頼んで、お客さまの立場で競合店の評価をしてもらうのもよい方法です。

素人でも簡単にできる売上予測のやり方

売上予測

店舗面積

店　舗　力	坪当たり年間売上高
A．地域一番店	300万円
B．一番店クラス	200万円
C．一般店	130万円
D．不振店	80万円

基準売上げ

160万円／年×店舗力×店舗面積
＝予測売上高

自店力

基準売上げ（年/坪）160万円 × ｛基本店舗力 100%　競合との比較力｝ ＝ 予測売上げ（年/坪）

競合との比較力

＋100%	5店すべてにまさる
＋30%	4店にまさる
±0%	3店にまさる
−20%	2店にまさる
−30%	1店にまさる
−50%	全ての店に勝てない

6 繁盛店立地を見極めるポイントとは

●超繁盛店が好立地の条件を教えてくれる

度々ご紹介していますが、横浜のイタリアン居酒屋「チーズカフェ」の立地選択は、実に参考になります。三等立地でありながら、年間坪売上げ400万円、約30坪で1億2000万円も売り上げている同店を見ると、繁盛立地を見極めるポイントがわかります。

●見極めのポイントは四つある

(1)**繁盛店が周辺にあること……**「チーズカフェ」から歩いて7~8分のところに、ちょっとした繁華街があり、そこには繁盛店があります。繁盛店があるということは、十分なマーケットが近くに存在しているということです。

いくら繁盛店でも、お客さまは毎日は通いません。繁盛店とは違った商品を店の主力にすれば、繁盛店と同じマーケットが獲得できます。

(2)近くに目印がある……路地裏でもいいのです。路地に向かう角に、何か目印となるものがあればいいのです。「チーズカフェ」の場合はボーリング場がありました。

銀行、タバコ屋、目立つ色の建物など、電話で場所を聞いたとき、確実にわかるような目印が近くにあれば、その立地は有望です。

(3)人の流れから50メートル以内……通勤路から50メートルほど奥まった路地に面して、「チーズカフェ」はあります。繁華街では、300メートル離れると商圏が変わります。100メートルだと同一商圏内ですから、路地裏でも行きやすくはなりますが、50メートル程度なら、すぐ近くといった印象になります。

メインの通りでなくても、ある程度の人の流れのあるところから50メートル以内であれば、お客さまは来店します。

(4)看板が出せること……人の流れのある角から店の看板が見えるか、というのがポイントです。「チーズカフェ」の場合も、大通りから見えるように看板を出しています。

そのような看板がつくれる物件かどうか。雑居ビルであっても、歩道から見える看板が設置できるという条件が必要です。

このような四つのポイントで、繁盛立地を見極めることができます。

繁盛店立地を見極め、出店をするかどうかを判断するチェックリスト

出店チェック

①周辺環境	繁盛店や繁華街までの距離（10分未満）			
②ランドマーク（目印）	自分の場所がわかるために利用できる、確実な目印（100m以内）			
③主要な人の流れ	主要な人の流れと物件との徒歩距離（50m未満）			
④看板の条件	主要な人の流れから発見できる看板を設置できるか（可・条件つき可・不可）			

総合評価	自己評価	出店可否		コメント
		出店可		
		条件つき		
		検　討		
		不　可		

7 郊外マーケットは有望

群馬を中心に展開する海鮮居酒屋「どんさん亭」の出店のほとんどは郊外です。13年ほど前に郊外型の1号店を作り、月商が1200万円を超える繁盛店で、現在でも売上げを伸ばし続けています。

●道交法改正でも郊外居酒屋は伸びる

その後、「どんさん亭」は16店舗というように、堅実に郊外マーケットで成長しているようです。

しかしながら、道路交通法の改正による飲酒運転の罰則強化によって売上げの大幅な減少がありました。

同様の出店をしている他の居酒屋でも、20～30％の売上ダウンに見舞われました。その中には、撤退を余儀なくされた店も数多くあったようです。

しかし、同店では海鮮を主力にしているため、寿司という食事メニューの品揃えとお値打ち性を強化しました。

それによって、現在では前年を20％越える店もあり、ほとんどの店が、前年105％以上を超える好調さを取り戻しているようです。しかも、新店ほど売上げが高く、郊外マーケットの有望性がわかります。

お客さま側も、酒を飲む方と飲まない方を決めていたり代行運転を活用するなど、利用方法が変化しています。また食事メニューの強化によって、家族客も増加しています。〝居酒屋〟というと酒のイメージがありますが、お客さまは食事としての利用も多いのです。

●郊外立地で一番店を狙え

繁華街での家賃や保証金などを考えると、郊外立地のほうが負担は少なく、大きな店ができます。しかも、現状の郊外立地はまだまだ居酒屋の出店が少なく、一番店になりやすい立地と言えます。これからますます、居酒屋の郊外立地化は進むことでしょう。

それらの点から考えると、今がチャンスです。居酒屋の業種特性から考えても、三等立地への出店が可能なほど、「目的来店」が多くなります。

郊外の三等立地で格安の条件の立地を探すことは、それほど難しいことではありません。働く場所や大型ショッピングセンターなども郊外へと移動しています。駅前商店街が年々没落している町も多く、郊外立地という新しいマーケットに大きな可能性があります。

郊外立地で成長している「どんさん亭」

8 郊外立地での繁盛ポイント

●まずは、広い駐車場が必要

郊外立地で繁盛居酒屋を作るための一番のポイントは、駐車場の広さです。

ただし、25年ほど前、郊外でファミリーレストランが隆盛を極めた時代の駐車場の考え方とは、大きく違ってきています。

当時のファミリーレストランの考え方では、「テーブル数×1・0～1・1＝駐車台数」でしたが、郊外型の居酒屋は、それでは駐車場が足りません。

現在では、「テーブル数×2・0＝最低必要台数」というように、当時のファミリーレストランの約2倍以上の駐車台数が必要になってきているのです。

なぜなら、以前は一家に1台が平均的な車の保有台数でしたが、現在は大都市に居住する人たちを除いて、一家の成人1人当たり1台程度になっており、1台に乗る人数が減少しているからです。

しかも、居酒屋では宴会も大きな売上げの要素です。宴会客が1人1台の車で来店し、帰りはタクシーや代行運転を依頼することも珍しくありません。その需要を取り込むためには、駐車台数の確保がどうしても必要となるのです。

●必要駐車台数はこのように計算できる

必要駐車台数は、目標売上げが決まれば決まってきます。

通常、年間売上げの10分の1が繁忙月の売上げとなります。郊外店では、年間最高の繁忙月は8月（場合によっては12月）になります。

売上面から言うと、駐車場1台当たり、月40万円までの売上げが見込めます。したがって、年間最高売上げになる8月の売上げを40万円で割った数字が、必要駐車台数になります。

そこで、このように計算することができます。

「年間売上目標÷10＝繁忙月売上目標」
「繁忙月売上目標÷40万円＝必要駐車台数」
「必要駐車台数＋従業員用駐車台数＝総必要台数」

郊外での成功の基本は、駐車台数の確保です。三等立地でも成功可能な業種の代表が居酒屋です。駐車台数の確保を優先した立地選択を心がけましょう。

広い駐車場が、郊外立地で繁盛するポイント

郊外立地には広い駐車場が必要─どんさん亭・群馬

9 郊外立地での営業ポイント

道路交通法の改正によって、飲酒運転への罰則が強化されました。個人的にはよい法律だと思いますが、郊外の居酒屋が大きな打撃を受けたことは事実です。

売上不振のため、撤退を余儀なくされた店も数多くあります。

しかし、群馬の「どんさん亭」や兵庫の「とりどーる」という郊外型の居酒屋では、順調に売上げを伸ばしているようです。現実に、土曜日や日曜日などは、家族客が待ち席で行列を作っています。

●季節メニューが必要

「どんさん亭」では、徹底した季節メニュー催事を実施しています。それは、〝大小のくり返し〟で実施されています。

〝大〟とは産直フェア的なもので、〝北海道まつり〟といった複数素材を使用してメニューを作り、20～30品の品揃えをするといった催事です。

〝小〟とは、〝さんままつり〟というように、1食材によって3～7品の品揃えをする催事です。

これらを、1ヶ月ごとに繰り返して行なっています。

これによって、昨年売上対比を10～25％も伸ばし続けています。

●郊外立地で必要な対策のポイント

(1)ご飯メニューが必要……お茶漬けのように、酒を飲んだ後に仕上げに食事といった性格のものではなく、最初の注文時から、「ご飯系の商品」を注文するお客さまがいます。そのため、寿司、釜めし、丼などのようなしっかりした食事メニューが必要です。

ただし、定食といったメニューまで品揃えすると、「居酒屋らしさ」が消えてしまいます。そうなると、集客力が弱くなってしまうため、くれぐれも注意が必要です。

(2)お茶の要望が多い……最初から、お茶で食事というお客さまが多いことも郊外店の特徴です。したがって、急須や湯のみもテーブル数の30％ぐらいが必要になります。

郊外は、家族客を中心とした大きなマーケットがあります。このようなポイントでそのマーケットを獲得することができるかどうかによって、魅力的な立地かどうかが決まります。

郊外立地ならではのメニュー構成が繁盛店につながる

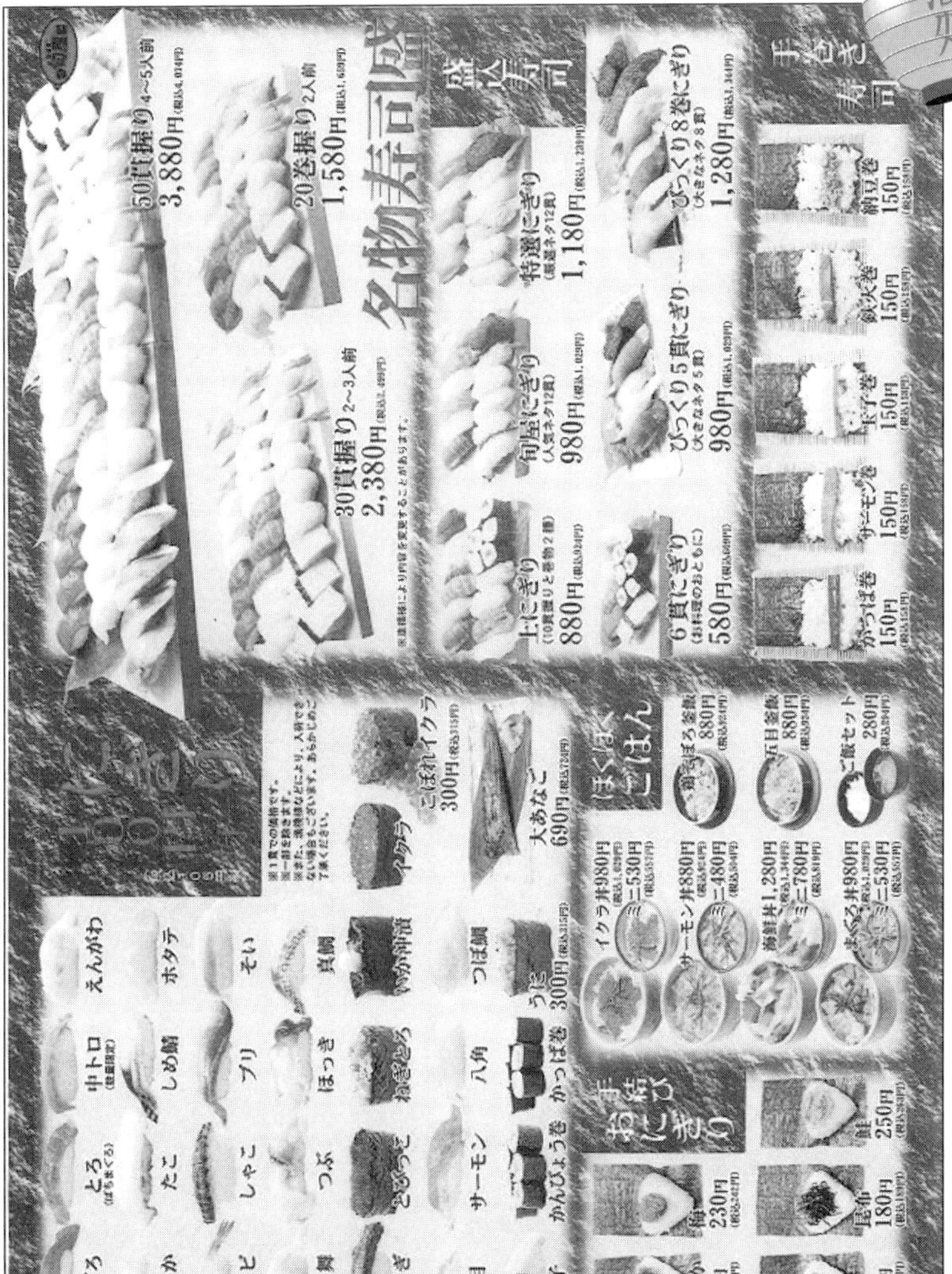

居酒屋も、郊外店ではしっかりとした食事メニューが必要

10 郊外出店での成功のコツ

ある日、看板への表示の仕方によって、店の売上げが変化することに気がつきました。

●〝居酒屋〟という表示しない対策

ある居酒屋チェーンで、同じ郊外にある2店の売上傾向が異なっていました。

A店では、「金曜日15万円、土曜日15万円、日曜日12万円」という推移なのですが、B店では「金曜日15万円、土曜日20万円、日曜日30万円」なのです。

週末に向かって売上げが減少するA店と増加するB店では、〝看板への表示〟方法に違いがありました。

A店では、〝海鮮居酒屋〟と表示され、B店では、〝海鮮〟だけで、「居酒屋」という表示がなかったのです。

こうした現実を踏まえて、A店にも「居酒屋」という表示をやめるように提案しました。

すると、6ヶ月ほど経過すると効果はてきめんに現われ、「金曜日15万円、土曜日20万円、日曜日25万円」というように売上げが変化していったのです。以前と比べると、その結果、月間90万~100万円の差となり、年間1000万円以上の売上げの伸びを示すことになったのです。

●〝財布〟は主婦が握っている

外食をするのに、どの店に行くかを決めるのはほとんどが主婦と言っていいでしょう。なぜなら、一般家庭の90%は主婦が財布を握っているからです。

こうしたことから考えると、郊外店での成功のコツは、主婦が来店しやすい店にする、ということです。

そのための対策のひとつが、前述の「居酒屋」表示をしないことで、〝専門店〟のイメージへと変えることです。

もうひとつのポイントは、〝店頭と店内の明るさ〟です。

子供連れの家族客は、照明の明るい店を好んで選択する傾向があります。ですから、店の前の道路や駐車場から見て、店頭の明るい店にすることが、よい印象を生みます。

その次が店内の明るさです。

店頭、店内の明るさは、家庭の財布を握る主婦から選ばれる店となるのです。

看板に「居酒屋」を表示しないことで、主婦の抵抗感を軽減する

両店とも、″居酒屋″という表示をやめることで郊外出店に成功している

4章 どんな商品をどうやって売るか

繁盛のための品揃えと売り方の工夫とは

1 「熱さ」と「冷たさ」を売れば繁盛する

●「おいしさ感」を、どう演出するか

繁盛店を作るために必要なことは、商品の品質ではありません。品質も重要な要素ではありますが、もっと大切にしなければならないことは、おいしさ感を演出する「シズルの原則」（16ページ参照）です。

この原則は、商品そのものを売ることより、①「音を売る」、②「熱さ、冷たさを売る」、③「ボリューム感を売る」、④「彩りを売る」の四つです。

●「シズルの原則」を、どう具体化するか

では、この四つの原則をどのように具体化するのかを説明していきます。

(1)メニューブックによるシズルの演出……①仕入方法（産地、○○市場より、○×商店より、△○農協より等）、②鮮度性（朝づみ、本日入荷、初、生、活〆等）、③調理方法（○時間熟成、備長炭で焼き上げた、石釜で薪を使って、手ごね等）。

以上のような要素を前面に打ち出した商品説明をしたり、商品名をつけるようにします。これによって、他店にはない独自性のある商品へと変化し、しかもおいしさ感が付加されます。

(2)器によるシズル演出……①徹底的に熱い（鉄板、陶板、石焼き鍋等）、②徹底的に冷たい（氷の上に盛る、透明の器、冷やされた金属の皿、霜降りグラス等）、③ボリューム感（ひと回り小さな皿に盛る、浅い皿に盛る、口の狭い丼を使う等）。

(3)目の前でのシズル演出……商品提供時に、お客さまのテーブルの上で商品の仕上げをする。①従業員仕上げ（ピザをカットする、サラダにドレッシングをかけ、まぜる等）、②お客さま仕上げ（チューハイに生レモンをしぼる、炭入りの七輪で焼く等）。

(4)注文時のシズル演出……①注文のおほめ（あらかじめ何品かの商品を決め、その商品をお客さまが注文したとき、「その商品はおいしいです」とほめる等）、②お値打ちの説明（注文時に、おすすめ商品とそのお値打ちのポイントを説明等）。

この四つの原則については、1章でも触れているので参考にしてください。

「シズルの原則」を使って、具体的に演出してみせる

備長炭入りの器でタラバガニを提供する
―どんさん亭・群馬

七輪でチーズフォンデュを提供する
―チーズカフェ・横浜

2 差別化は「なじみ商品」でしかできない

●お客さまは、特別なものはあまり食べない

初めは7坪で年商2400万円の繁盛店、3年後には店を48坪に拡大して、年商約9000万円とした神奈川の居酒屋「オリエンタル」では、まぐろの品揃えで差別化をしています。

お客さまは、特別なものはあまり食べません。すでに何度も食べたことのある「なじみ商品」を中心に注文するのです。

その結果、焼きとりや唐揚げといったなじみのあるメニューが、どの居酒屋でも売れ筋になります。海鮮中心の店ならまぐろやいか、焼きとり中心ならつくねや手羽先、といった具合です。

ということは、見たことも聞いたこともない食材を使ったメニューでは、他店と差別化できないということになります。

この「オリエンタル」では、まぐろだけで18品目という、他店では見られないほどの品揃えとなっています。

こうしたことから言えることは、一番簡単な差別化の仕方は、①主力商品は「なじみ商品」で作る、②そのなじみ商品を、主力と言えるぐらい豊富に品揃えをする、というやり方です。

●品揃えを豊富にするための五つの方法

品揃えを豊富にするためには、次の五つのアプローチが可能です。

(1)味つけ……辛さ、甘さやチーズのせ、梅じそのせ、というように、味を変えて品揃えする。

(2)使用する部位……まぐろのように、赤身中落ち、中トロ、大トロなど、使用する部位の変化で品揃えする。

(3)大きさ・量……大盛りやハーフサイズというように、提供する量で変化させて品揃えする。

(4)産地……佐渡産の刺身10品目というように、産地を限定して品揃えする。

(5)調理方法……同一食材を焼いたり煮たりするなど、調理方法の変化で品揃えする。

このような五つの方法を組み合わせるなど、工夫をして品揃えを豊富にすると、お客さまに大きな魅力を与えます。

「なじみ商品」を豊富に品揃えすることで他店との差別化ができる

なじみ商品の豆腐でも、形状を変えたり、氷敷きの上に盛るなどの工夫で差別化ができる—どんさん亭・群馬

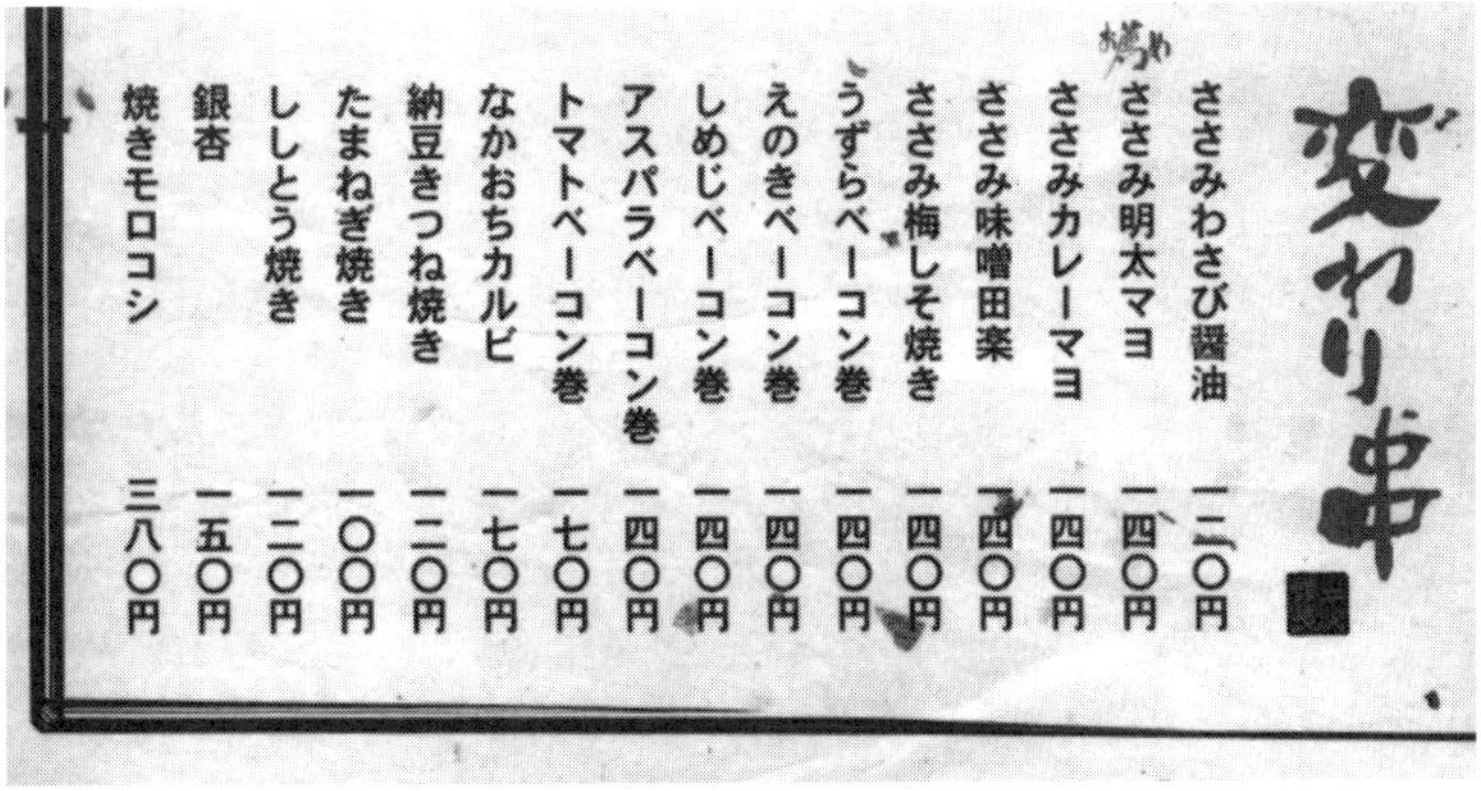

味つけや具材の変化で品揃えが豊富にできる

3 レジで「安い！」と言わせる値付けのコツ①

「あれだけ注文したのに、この値段でいいの？　ずいぶん安いね」――お客さまがレジでお金を支払うとき、「安い！」と感じる店は、当然繁盛します。

あれだけ注文したのにこれだけのお金ですんだと思っていただく方法は、難しくありません。

私自身が売上げの活性化策として実施する方法で、平均120％以上の客数アップに成功しています。

●売れ筋価格より、ちょっと安めがポイント

まずは、「品揃えの基本」を知ってください。

「一番多くの品揃えがある価格が、売れ筋価格」です。たとえば、500円に一番多くの品揃えがされている場合、その500円の商品がよく売れ、これが売れ筋価格となるわけです。

そして、「売れ筋価格（一番多くの品揃えがある価格）の6倍が客単価」になります。つまり、500円が売れ筋価格である場合、客単価は3000円になります。このように客単価は、売れ筋価格によって決まってしまいます。

「安い！」と思わせるコツは、二番目に多くの品揃えがある価格を、売れ筋価格より少し安めにすればいいのです。

●お客さまの心理的サイフを考える

ちなみに、二番目に多く品揃えのある価格を、売れ筋価格より高くしても安くしても、あまり客単価に変化はありません。しかし、お客さまの〝心理的なサイフ〟は、大きく変化するのです。

売れ筋価格を中心に見て、それより高めの価格に多くの品揃えをしている場合、「高い」という印象を持ちます。そうすると、控え目な気持ちでの注文となります。

逆に、売れ筋価格より安めの価格に品揃えが充実している場合は、それほど心理的なサイフを気にせず、ドンドン注文するようになります。そして、よく食べてよく飲んだという印象を持ちます。

どちらも、客単価としてはそれほど大きな変化はありません。「二番目に品揃えの多い価格を、売れ筋商品価格より安く」――これが、思わず「安い！」と思わせるコツなのです。

売れ筋価格を中心にした値付けの工夫で、店に対する印象は大きく変わる

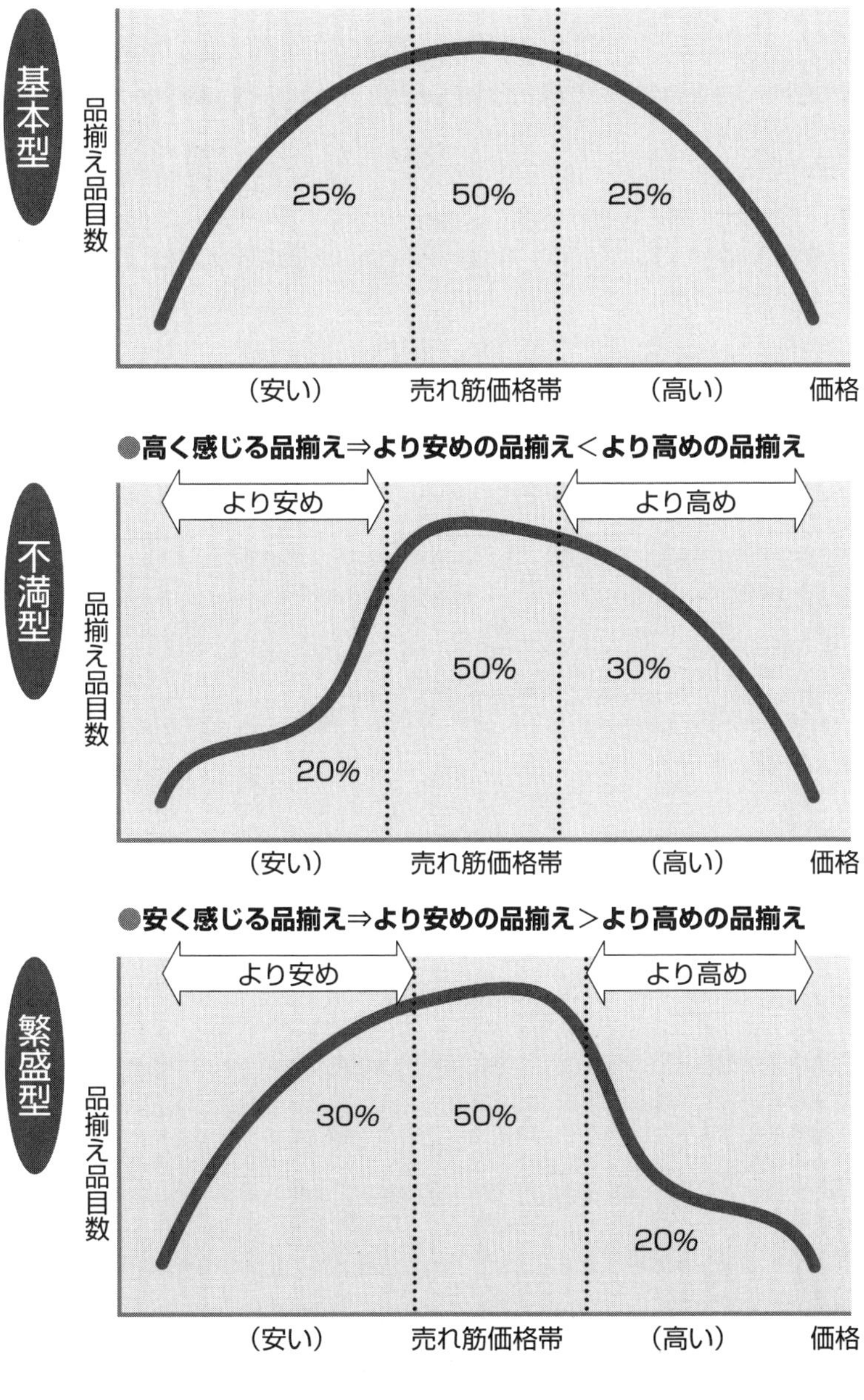

●高く感じる品揃え⇒より安めの品揃え＜より高めの品揃え

●安く感じる品揃え⇒より安めの品揃え＞より高めの品揃え

4 レジで「安い！」と言わせる値付けのコツ②

●売れ筋価格の計算は簡単

一番多く品揃えされた価格が売れ筋価格で、その６倍が客単価になると前項で述べました。しかし、売れ筋価格は、次の方法でもわかります。

$\sqrt{\text{一番安い価格}\times\text{一番高い価格}}=\text{売れ筋価格}$

たとえば、一番安い価格が２８０円、一番高い価格が９８０円として、電卓で２８０円×９８０円、そして、＝（イコール）と√（ルート）を押すと５２４円。これが計算上の売れ筋価格です。これを６倍すると客単価になりますから、５２４円×６＝３１４４円となります。もう少し大ざっぱに、５２０円×６＝３１２０円と考えればよいでしょう。

一番安い価格と一番高い価格が決まると、一番多く品揃えしなければならない売れ筋価格も決めることができます。私自身、居酒屋の品揃えを考える場合にこの計算式を使っています。

●安さを演出する「ピンキリ価格のコツ」

さて、たとえば次のような場合を想定してください。

(1) $\sqrt{280\text{円}\times980\text{円}}=524\text{円}\rightarrow520\text{円}\times6$
＝客単価３１２０円

(2) $\sqrt{350\text{円}\times780\text{円}}=522\text{円}\rightarrow520\text{円}\times6$
＝客単価３１２０円

(3) $\sqrt{400\text{円}\times680\text{円}}=522\text{円}\rightarrow520\text{円}\times6$
＝客単価３１２０円

(1)、(2)、(3)いずれの場合も客単価は、同じ３１２０円ですが、お客さまのイメージは大きく異なります。お客さまは、高い価格のイメージを心に強く残すのです。

つまり、(1)が一番高い価格９８０円があるために、他の(2)や(3)に比べると、(1)のほうが高いという印象を持ちます。

一番高い価格と一番安い価格の差を価格幅と呼びますが、その価格幅が狭いほうが、品揃えの充実感が出ます。(1)は２８０〜９８０円で、２８０円の３・５倍、(2)と(3)は、同様に２・２倍、１・６倍となります。

同じ品揃え品目なら、価格幅の狭いほうがお客さまに対して品揃えの充実感を与え、「安い！」という印象を与えます。これを、「ピンキリ価格のコツ」と呼んでいます。

お客さまに「安い！」と思わせる「ピンキリ価格のコツ」

客単価式

$\sqrt{一番安い価格×一番高い価格}$＝売れ筋価格

売れ筋価格×6＝客単価

お客さまのイメージ

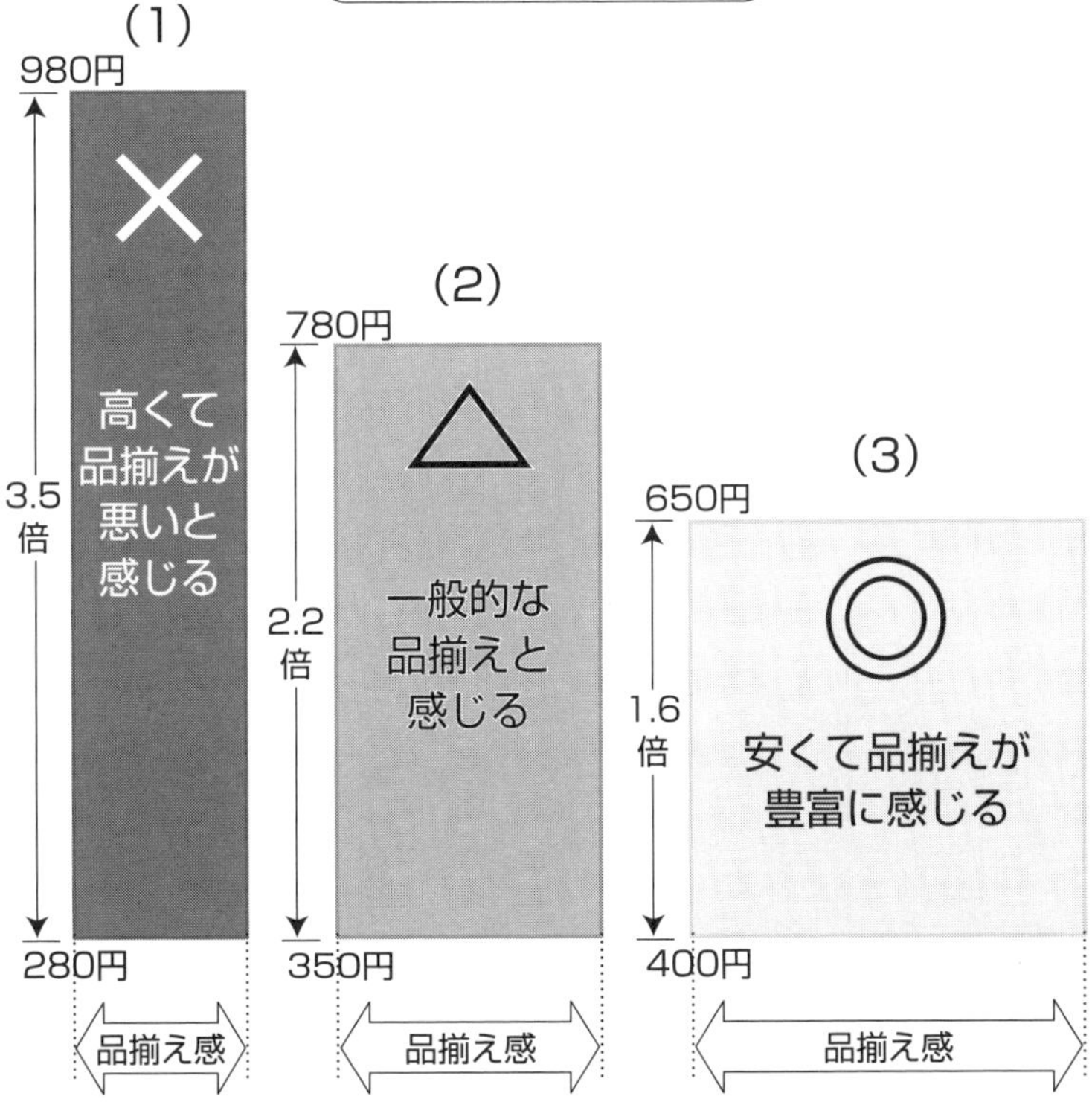

5 最初の注文で繁盛が決まる

東京の居酒屋チェーン「魚金」という店には、これまで数々の居酒屋を見てきた私も驚かされました。そしてそれは、強烈な印象で私の頭に焼きつきました。

●一番商品を持つかどうかが差別化の重要なカギ

その店の一番商品は、刺身の盛り合わせでした。

手書きのメニューをみると、刺身6種盛りのところに12種類の刺身の内容が書かれていました。

従業員が注文を取りに来たので、その6種盛りを注文しようと思って、書かれた12種の刺身から6点を選んでいると、「全部ついています」とその従業員が声をかけてくれました。私が「6種盛りではないの？」と質問すると、「おまけです」と言うのです。

しかも、提供されたその刺身盛りは、これまで見たことがないほどのボリュームでした。

周りのお客さまを見てみると、ほとんどに刺身の盛り合わせがありました。

このように、ほとんどのお客さまが注文し、しかも圧倒的に差別化された商品を「一番商品」と言います。

一番商品があるのとないのとでは、売上げに大きな開きが出てしまうのです。

●第一印象が決め手

居酒屋だけでなく、飲食店全般に言えることですが、業種や業態が同じなら、来店するお客さまの注文傾向も似てきます。つまり、売れ筋の人気商品は、競合店も自店も同じということです。

競合店と売れ筋商品が同じで、お客さまが、どの居酒屋でも同じ売れ筋商品を注文しているのですから、その売れ筋一品に、一番商品と言えるほどの特徴を持たせることができれば、大きな差別化ポイントとなります。

つまり、一番商品が売上げを作ってくれるのです。

ただし、一番商品がいつ注文されるかによって、売上げへの貢献度に大きな変化が生まれます。

最初の注文で一番商品が注文されると、その商品はお客さまのテーブルにもっとも早く提供されます。すると、その差別化された一番商品の印象が、その後注文されるすべての商品にまで、よい影響を与え続けるのです。一番商品は、最初の注文でなければ意味がないのです。

売れ筋の一品を一番商品にすることで、大きな差別化ができる

ボリュームなどの演出によって“第一印象”で差別化する

6 集客商品！儲ける商品！定番品揃えの商品！

●魅力の品揃えは原価率のメリハリから

一般的な居酒屋では、どの商品も28～33％の平均的な原価率で品揃えをしていますが、「どんさん亭」や「浜海道」のような繁盛店では、次のようなメリハリをつけた原価構成になっています。

(1)集客型商品……お値打ち性を強く出すもの（原価率40～55％。平均原価率の1・3～1・7倍が目安）

(2)儲け型商品……材料費が安い、手間がかからない、かけないもの（原価率15～23％）

(3)定番型商品……どの店にも品揃えされているもの（平均原価率の前後3％の範囲内）

どの商品も同じ原価率だと、魅力のある品揃えにはなりません。

前述の「どんさん亭」の一番商品、刺身盛り1500円は、50％以上の原価をかけて魅力のある商品づくりをして、一番商品に育て上げています。

●メニューでの見せ方にも一工夫を

では、集客型商品と儲け型の商品について、もう少しくわしく見てみましょう。

集客型商品は、一番商品に代表されるお値打ち感のある商品です。一番商品を1品（45～55％の原価率）と、集客商品7品（40～45％の原価率）の品揃えが基本です。

一番商品は、メニューブックの一番最初の位置に、大きな文字で表示します。集客商品はメニューブックの中にバランスよく分散させて表記します。文字は、一番商品と同じ程度の大きさにします。

一方、儲け型商品は、品揃え品目数の15％が目安です。全体が100品目なら、15品目の儲け型商品が必要となります。儲け型商品として成り立たせるためには、豆腐や大根など、仕入れ価格の変動が比較的少なく、低価格の食材を使うといった工夫が必要です。安く仕入れるコツは、旬の走りでなく最盛期の食材を使う、市場などに直接仕入れに行くという方法があります。

最盛期の食材を使うには、メニューブックに「季節のおすすめ」などのコーナーを設けるのがよいでしょう。

メリハリをつけた原価率のかけ方が、魅力ある品揃えのポイントとなります。

タイプの異なる商品を上手に配して魅力ある品揃えを作ろう

商品計画

				売価	原価	原価率	ポイント
集客商品 7品目							
	集客商品	1					
		2					
		3					
		4					
		5					
		6					
		7					
儲け商品 15品目	1						
	2						
	3						
	4						
	5						
	6						
	7						
	8						
	9						
	10						
	11						
	12						
	13						
	14						
	15						

定番商品	品目		売価	原価	原価率	品目		売価	原価	原価率	品目		売価	原価	原価率
	1					16					31				
	2					17					32				
	3					18					33				
	4					19					34				
	5					20					35				
	6					21					36				
	7					22					37				
	8					23					38				
	9					24					39				
	10					25					40				
	11					26					41				
	12					27					42				
	13					28					43				
	14					29					44				
	15					30					45				

7 主力商品、30品目の品揃えが集客のコツ

●品揃えで「専門性」を出す

横浜の三等立地で繁盛しているイタリアン居酒屋「チーズカフェ」では、イタリア料理を代表するパスタとピザで30品目の品揃えをしています。

居酒屋は、三等立地でも繁盛できるほど集客力のある業種ですが、競合店も多く、お客さまの要望レベルも高くなっています。さらに集客力を強くするためには、何屋かわかるような「専門性」が必要です。集客力を強くする「専門性」は、「チーズカフェ」のように、30品目の品揃えをすることによってアピールできます。

●品揃えの品目数には原則がある

品揃えの品目数の意味は、次のようになります。

・**7品目**……季節のおすすめなど、小さなグループ分類をするとき、品揃えが多いと感じられる品目数（揚げ物が7品目等）。

・**30品目**……何屋であるか、お客さまにすぐわかってもらうために必要な品目数（海鮮居酒屋では、海鮮とわかるために刺身30品目等の品揃えが必要）。

・**70品目**……居酒屋としての豊富な品揃え感を作るために、最低限必要な品目数。

店の中に、もうひとつの小さな店があると考えてみてください。外枠の大きな店が、居酒屋として必要な品揃えの店、その中に「30品目の品揃えのある小さな専門店」があると考えていただきたいのです。

「外枠の大きな店」は定番の品揃えで、お客さまの来店頻度をある一定レベルに確保するために、品揃え70品目（専門店メニュー30品目含む）が必要です。そして、その中の「小さな専門店」は、競合店との差別化を図り、集客力を持つことができる品揃え30品目が必要ということになります。

イタリアン居酒屋「チーズカフェ」は、パスタとピザの30品目の品揃えで「小さな専門店メニュー」を作り、競合店と差別化しているのです。

しかし中には、30品目もの品揃えができない商品があります。たとえば「豆腐」では難しく、このような場合は7品目で十分にその効果を作ります。

主力商品の品揃えは集客力を高めるコツとなります。

“まぐろ”だけで「小さな専門店メニュー」を作って他店と差別化

マクロがうまい！！ だんぜん、モノが違います。
地中海のシシリー・マルサラの港で水揚げした本物の本マグロです。
お寿司屋さんにも負けない味がしますよ！！
本マグロ大トロ
お造り 1280円
にぎり一人前 8カン 1780円
本マグロ中トロ
お造り 980円
にぎり一人前 8カン 1480円
本マグロあぶり大トロにぎり 6カン 1680円
大西洋チリ・ペルー沖の水温の冷たいところでとれてます。
本マグロほど脂は濃厚ではありませんが、
みなさんの食べなれた中トロだと思います。
メバチ＆キハダ
中トロ 780円
赤身 380円
特 おすすめしますよ！！
大トロ、中トロ、赤身のすべてを盛り合わせにしています。
まぐろづくし 1280円
名物炭火焼
さかなの台所オリエンタルならでは
ネギ好きにはたまりません！
ネギ塩マグロ網焼き 780円
え～、これさかななの？ お肉にも負けません！
マグロホホ肉網焼き
こいつもマグロ船でとってます。脂のってます！
メカジキの腹あみ焼き 750円
お値打ち丼
マグロづけ丼 480円
おつまみだけでも
まぐろづけ 480円
マグロカルパッチョ 580円
少々お時間をください。
マグロカマ焼 680円
マグロの腹身の部分だけを使用してます。ガーリック風味です。
マグロ腹ステーキ 600円
加工品を使ってません。本物のネギトロです。
ネギトロ巻き 3本 550円
定番中の定番です。
まぐろたつた揚げ 280円

「オリエンタル」では、まぐろだけのメニューをつくって、主力商品化している。品揃えは18品目だが、独立した専用メニューのため、お客さまに強い印象を与えている

8 酒類の品揃えが店の特徴を演出する

横浜に「伝兵衛」という繁盛店の焼とり居酒屋があります。

その店の酒類の品揃えは、非常にユニークなものでした。

●酒類は重要な戦略商品

日本酒は、〝米だけの酒〟という表示があり、譲造アルコールの入っていない純米酒だけを品揃えしていました。焼酎では、〝芋だけで仕込んだ薩摩の焼酎〟というカテゴリーを作って、12品目の品揃えがされています。

しかも、〝今月の仕入れ〟という内容で、純米酒と芋焼酎を1品ずつ、新しい商品をおすすめしているのです。

それらは非常に特徴のある品揃えになっていて、他店と差別化されています。

居酒屋の場合、売上げに占める酒類の比率は35％前後です。駐車場のある郊外立地の居酒屋でも20～30％ぐらいの売上比率になります。売上げの3分の1を酒類で占めるため非常に重要な戦略商品であるはずなのに、メーカーまかせの仕入れが一般的になっていて、一般的な居酒屋ではあまり力を入れていません。これはチャンスと言えるでしょう。

●自店はどの酒類で特徴を作るのか

主力として品揃え強化できる酒類と、その場合の品揃え品目数の目安は、①日本酒（30品目）、②焼酎（7品目）、③サワー（30品目）、④カクテル（30品目）、⑤ワイン（70品目）です。

これが、店の顔となるための品揃えの基本です。ひとつの店で、①から⑤までのすべてをこの数だけ品揃えするというわけではなく、自店が特徴を作るために必要な品揃え数です。

酒類を店の看板とするほど強化されている店では、日本酒、焼酎、ワインなどを、それぞれ300品目程度は品揃えをしています。

ビールで品揃えを増やしてもそれほど効果はないし、ウィスキーなどは取り扱っていない居酒屋も多いため、効果は期待できません。ワインや焼酎は嗜好性がかなり強く、大商圏型の立地が必要とされる傾向が強いようです。

売上げに対する比率が高いのに、酒類に力を入れていない店が多い

米だけで仕込む純米酒

四大地鶏の生産地域より届いた逸品

秋田県由利 飛良泉本舗	飛《ひ》良《ら》泉《いずみ》 蔵囲い熟成酒	二年以上蔵内で熟成させた、円熟した逸品	1合	630円	+4
岐阜県各務原 小町酒造	長《なが》良《ら》川《がわ》 特別純米	口当たり柔らかく旨味が広がり、余韻は穏やか	1合	550円	+5
高知県土佐 亀泉酒造	亀《かめ》泉《いずみ》 純米	米・水・麹のすべてを高知産で醸した地酒	1合	570円	+5
佐賀県鹿島 馬場酒造	芳《ほう》薫《くん》 純米	佐賀県産「レイホウ」を低温発酵で醸した逸品	1合	570円	−2

山形県 酒田の銘酒	初孫 生もと純米	深い旨み、スッキリした辛口	利き酒・210円	1合・500円	
北海道旭川 男山酒造	男《おとこ》山《やま》	生もと造りならではの香りと味わい	1合 570円	利き酒 240円	+4
山形県酒田 酒田酒造 特別純米酒	上喜元《じょうきげん》	深みとコク、スッキリとした喉越しとキレ	1合 620円	利き酒 270円	+12
福島県二本松 大七酒造 生もと純米酒	大《だい》七《しち》	米のしっとりとした旨味と豊かなコク	1合 580円	利き酒 250円	+2
新潟県長岡 諸橋酒造	越《こし》乃《の》景《かげ》虎《とら》	水の如くさわりなく飲めます	1合 600円	利き酒 260円	+3
新潟県北魚沼 緑川酒造	緑《みどり》川《かわ》	細やかで飲み飽きない蔵元自信の逸品	1合 630円	利き酒 280円	+6
新潟県長岡 美の川酒造	良《りょう》寛《かん》	爽やかな香りと柔らかでコクのある旨み	1合 580円	利き酒 250円	+6
長野県諏訪 宮坂酒造	真《ま》澄《すみ》	諏訪湖のように澄みきった味	1合 550円	利き酒 230円	+3
石川県白山 菊姫酒造	菊《きく》姫《ひめ》	柔らかな米の旨味が味わえます	1合 600円	利き酒 260円	±0
奈良県福智院 今西清兵衛商店	春《はる》鹿《しか》超《ちょう》辛《から》口《くち》	見事に調和したコクとキレ	1合 580円	利き酒 250円	+12
高知県高知 酔鯨酒造	酔《すい》鯨《げい》	ほのかにライチのような爽やかな香り	1合 570円	利き酒 240円	+3
熊本県下益城 小泉酒造	美少年《びしょうねん》	淡麗で、コクのあるのどごし	1合 550円	利き酒 230円	+2

20歳未満の方の御飲酒はおことわりいたします。　「車」を運転のお客様は、アルコール（酒）はご注文いただけません。

“米だけで仕込む純米酒”というテーマによって差別化を図る

9 「圧倒的一番商品」はこう作る

●「なじみ商品」の差別化がスタート

名古屋にある居酒屋「世界のやまちゃん」は、行列ができる繁盛店です。20年ほど前、4坪13席という小さな店で創業しましたが、現在ではすばらしい繁盛チェーン店になっています。店内に入ると、お客さま全員がまず最初に「手羽先」を注文し、さらに追加注文も「手羽先」というお客さまが多いようです。

一番商品づくりの基本は、「なじみ商品」を差別化するということに集約されます。

●差別化の基本は「属性の一番化」

一番商品を圧倒的に差別化していくためには、「属性の一番化」が決め手になります。

属性の一番化とは、その商品が持っている特徴を徹底的に強化することです。

基本的な属性の一番化には、次の五つがポイントになります。

(1)ボリューム化……基本量の多さ、厚みや高さ、具だくさん、面積の広さなどが、標準的商品に比べて、1・5倍以上あることで、一番化を図ることができます。

(2)シズル化……1章の3に記述しています。

(3)季節化……一番商品を、季節性のある内容、素材を加えて変化させます。できれば、毎月変えることが必要です。

力のある店なら、毎日の仕入れに工夫をして、〝毎日変化〟ということに挑戦してみてください。

(4)味のインパクト化……商品の印象を強くするためには、味を濃厚にすることが大切です。味が薄いほうがおいしい印象を作れるというのは、集客面から言うと、まちがっていることのほうが多いようです。

店を出た後まで、ひきずるほどの〝味の濃さ〟が属性一番化にとって、非常に大きな要素となります。

(5)手に届くぜいたく化……一番商品の季節化を行なううえで、売れ筋価格×1・3倍が価格の目安となりますが、1・5倍以上の価格設定することで、〝ぜいたくさ〟を作ることができます。

このハイ・イメージ感も、差別化のための大切な要素と考えてください。

圧倒的一番商品を作るには「シズルの原則」を活用する

ソースたっぷりの中で煮込んだハンバーグは味が濃厚でインパクトがある—北斗星・札幌

ハンバーグはをお客さまの前でカットし、その上からソースをかけてシズル感の演出をする—芝・札幌

10 男性を集客する商品、女性を集客する商品

●メインターゲットは男性か？　それとも女性か？

横浜の三等立地で、隣り同士に並んだ二つの居酒屋があります。どちらの店も、行列ができる繁盛店です。右側の店「チーズカフェ」は、お客さまのほとんどが女性で、左側の店「伝兵衛」は男性客中心です。

実は、男性と女性を集客する商品には大きな違いがあります。「チーズカフェ」では、パスタやピザなどの主力商品を、「具だくさん」というコンセプトで作っています。一方の「伝兵衛」では、焼きとり、米、日本酒や焼酎などの産地仕入れを、毎月変えることで特徴を作っています。

女性客には、「具だくさん」といったように視覚に訴える演出が必要で、男性客には食材の産地といった「こだわり」の演出が必要となるのです。

●「産直訴求」か「視覚訴求」かが分かれ目

たとえば、男性がこだわる日本酒やワインは、産地やどの蔵（畑）でできたかということが重要です。焼酎も同じです。ビールの商品名を見ても、こだわりを強く表現した名前をつけています。

つまり、①産地、②素材、③製造方法、④由緒由縁といった「産直訴求」が、大きな意味での男性型訴求法の特性なのです。

一方、女性に人気のケーキは、その上にイチゴなどのフルーツがトッピングされています。イチゴがいっぱいトッピングされているほど人気商品になります。きれいな色と具だくさんがポイントです。

また、バーゲン会場でワゴンに山積みされた商品に飛びついているのは、圧倒的に女性が多いようです。

つまり、①具だくさん、②カラフル、③市場感、④実演性という、いわば「視覚訴求」の4ポイントが女性型訴求法の特性と言えるのです。

男性の集客力強化には「産直訴求」のようなこだわりの提案をする必要があり、女性の場合には「視覚訴求」の提案が要求されます。

自店の中心客を考え、商品づくりを「産直訴求」か「視覚訴求」の、どちらをメインテーマにするのかを決めてください。

「こだわり」の男性客への訴求のためにメニューにもひと工夫

酒処

こだわりの日本酒
特選酒
店長推薦
蔵元直送
川鶴冷酒生酒
サーバでの御提供
冷酒生酒　(一合)　三五〇円　(二合)　六五〇円
しぼったままの新鮮さを封印し、キリッとした爽やかさと瑞々しいフレッシュ感
川鶴　お燗酒　(一合)　三〇〇円　(二合)　五五〇円
軽快な喉越しとふくらみがあり、キレのある飲みあきしないお酒
川鶴　にごり　(一合)　三五〇円　(二合)　六五〇円
昔ながらの素朴な味わいを持つまろやかな口当り。
地酒
宮城　浦霞本醸造　一合　四〇〇円
量より質の姿勢を守り続け東北色を出したバランスのよいお酒
やや甘口
新潟　真稜大吟醸　一合　六〇〇円
佐渡が誇る名酒で飲みあきしない酒として定評あり
辛口
石川　天狗舞山廃純米　一合　五〇〇円
適度な酸味が全体を引き締めて通の間で評価の高い酒
やや辛口
富山　立山酒印　一合　四〇〇円
幕末期にはパリ万国博に出品されたほどの歴史あり
やや辛口
鳥取　日置桜うす紅の舞純米吟醸　一合　五〇〇円
和紙をすく山峡の良質な水を仕込み水として醸す清麗な酒
甘口
香川　川鶴純米吟醸雄町50%　一合　六〇〇円
備前雄町を100%使用し、食材を引き立てる落ち着いた香りと奥深い広がりが特徴
やや辛口
高知　酔鯨特別純米　一合　四〇〇円
土佐藩主、山内容堂の雅号「鯨海酔侯」にちなんだ「いごっそう（頑固者）」な酒
辛口
愛媛　梅錦酒一筋　一合　五〇〇円
各種鑑評会で常に上位入選する実力派　いずれも香り高く端麗な口あたり
やや甘口
※二合もございますので、お気軽にご注文下さい。

男性型商品は、産地などのこだわり訴求が売れるポイントとなる

5章 小さくても キラリと光る 店づくり

繁盛する店には
“理由”がある

1 エキサイティングな演出で盛り上げよう

秋田に「一の酉」という焼きとり居酒屋があります。入口を入ると目の前にカウンターが広がり、焼きとりを焼く煙で圧倒されるような印象を受けます。

カウンターには、一番商品である「三日焼きの皮串」が積み上げられていて、思わず注文したくなるような演出がなされています。焼き台の隣には、大きなかまどが設置されていて、そこから米を炊く湯気が舞い上がり、お客さまをエキサイティングな気分にさせます。

このような演出によって、商品の「できたて」や「鮮度」を強烈に印象づけることは、繁盛店にする決め手となります。同店の繁盛は、このような工夫がしっかりとなされていることも一因となっているようです。

●演出のための四つのポイント

そうした演出のためには、四つのポイントがあります。

(1)実演調理……焼く、揚げる、蒸す、切るなどの調理作業を、お客さまに見せるように店づくりします。汚いものが見えないように、手元を隠す店が一般的です。しかし、商品の「できたて」や「鮮度」を強く演出するためには、お客さまの目の前で調理したほうが効果的です。

(2)市場陳列……魚や青果の市場では、商品が量感をもって陳列されています。その「市場陳列」を店内に作るのです。氷を敷き詰めたケースの上に、食材の在庫を量感たっぷりに陳列します。冷蔵庫の中や棚の上に食材を置いているだけでは、お客さまに興奮を与えることはできません。

(3)主力陳列……売りたいものを、より売れるようにすることが、他店との差別化の基本です。魚のような食材から日本酒や焼酎などの酒類まで、店の主力にしたい商品をお客さまから見えるような陳列をします。そうすることで、販売数量は簡単に1・5倍以上伸びるのです。

(4)本物要素……現在のお客さまの要望は高く、成熟しています。食材も、冷凍より冷蔵というように鮮度の高さが必要となっています。調理方法も備長炭を使って魚を焼いたり、かまどでご飯を炊くなどの本物化が必要です。

このような、商品の「できたて」や「鮮度」に特化した演出は、今後ますます成熟するお客さまを満足させるための重要な要素となります。

「できたて」と「鮮度」を見せることで、お客さまを興奮させることができる

カウンターの“市場陳列”がお客さまに興奮を与える

お客さまの目の前での“実演調理”が、できたてと鮮度を演出する

2 思わず入りたくなる「店頭」の作り方

三等立地の焼きとり屋「伝兵衛」は、店頭をうまく工夫しています。お客さまが、思わず入りたくなるような工夫があるのです。

たしかに居酒屋は、知らない店でも比較的、抵抗なく入店できる「入りやすさ」がある業種です。

しかし、「伝兵衛」のように三等立地で集客するためには、お客さまにとって「印象に残る」店づくりをする工夫をしなければなりません。

そのポイントは次の2点です。

●「思わず目を止める」印象づくり

店の前をたまたま通ったお客さまが、何気なく店を見る。たとえ少しの時間でも、「思わず目を止める」ようにすることができれば、お客さまの頭の中に印象づけることができます。

「伝兵衛」では、非常に大きな看板を設置しています。これが、思わず目を止める効果をあげています。居酒屋は「入りやすい」という特性がありますから、一度お客さまの脳裏に刻まれたら、近い将来、必ずと言っていいほど来店することになります。

思わず目を止めさせる工夫としては、①のれんを大きくする（他店とは色を変える）、②だれでも読める店名、③店名から何屋かわかる、④できたてなどのおいしさ感がイメージされる、などです。

●「思わずのぞきたくなる」印象づくり

「伝兵衛」では、入口のところに店内が見える大きなガラス窓があります。そこからは、焼きとりを焼いているところが見えます。

このようにすると、看板で目を止めたお客さまが店に近寄って店内をのぞきこむようになります。店内の様子を確認したお客さまは、かなり高い確率でその場で入店されます。

思わずのぞきたくなる工夫には、①店内が見える、②全部見えるのでなく、焼き台、ネタケースなど、調理に関するものが見える、③見えるポイントは、のれんなどで隠さない、などがあります。

思わず入りたくなる店頭づくりによって、立地のハンデを十分にカバーしてくれるのです。

「思わず目を止め」、「のぞきこみたくなる」店頭がお客さまを呼ぶ

伝兵衛では大きな看板や店内仕事を告知する赤色の懸垂幕によって、お客さまが「思わず目を止める」という工夫をしている

伝兵衛の店頭では小さな庭を作り、春には菜の花を植えて“季節の変化”を表現している。これも印象に残る店頭づくりの工夫のひとつだ。

3 ひと目で「主力商品」がわかる店づくり

焼きとり居酒屋「とりどーる」では、看板に「焼きとり・唐揚げ・釜めし」と表示して、三つの主力商品をアピールしています。また店頭からは、焼きとりを焼いているところが見えています。ひと目で主力商品がわかる工夫をしているのです。

カメラのピント（焦点）がきちんと合っていると、くっきりとした風景写真ができあがるように、居酒屋も主力商品がわかるほど、お客さまに強い印象を与えます。そして、その印象が一度刻みこまれると、それはなかなか消えることはありません。

「あの店は居酒屋」、という印象をお客さまが持つより、「あの店は海鮮が強い居酒屋」という具体的な印象を与えたほうが繁盛します。さらに、居酒屋よりも海鮮、海鮮よりも刺身、刺身でも○×産の刺身の品揃えがよいというように、より具体的な印象をお客さまが持つと、さらに繁盛するのです。

そのためには、次のような点が重要です。

●のれんや看板の工夫

のれんや看板に、店名を書くことは当たり前です。しかし、それだけではダメです。より集客力を高めるためには、何屋かがわかるほうがよいのです。焼きとりとか海鮮など、より具体的にわかる表示が必要です。

「焼きとり」よりも、焦点を明確にするには、「備長炭使用・焼きとり」というようにします。さらに、「備長炭使用・○△地どり」と表示できれば、よりいっそうの集客力アップにつながります。

それを、だれにでも目が止まるほどの大きさで表示します。ただし、表示内容が偽物なら、非常に痛いしっぺ返しがあることだけは、心に止めておいてください。

●主力商品を店頭で調理する

店頭を開口して、主力商品の実演調理を見せるようにすると、より高い効果が得られます。

小さな居酒屋は、入口の間口もそれほど広くはありません。そのような小さな店では、玄関への開口部が占める割合が、当然ながら大きくなります。結果的に、お客さまの印象はより強くなるのです。まさしく、焦点がくっきりと合った店づくりとなります。

「主力商品」を、お客さまの目に見える形でアピールすることが集客につながる

入口から入ってすぐのところで炭火で焼きとりを焼く
—伝兵衛・横浜

入口に設置された大きないけすで活アジが泳ぐ
—浜海道・香川

4 「カウンター」は居酒屋の生命線

長野の「蔵部」という店で食事をしたとき、びっくりしたことがあります。見たこともないような大かまどを使ってご飯を炊きあげたり炉で肉を焼くなど、実演調理の演出がすばらしい店だったからです。

しかし、一番驚かされたことは、カウンターの広さでした。1メートルもの奥行きがあるカウンターは、手厚いもてなしを受けているようで、非常に満足させられました。居酒屋にとってカウンターは、生命線と言えるほど重要なものだと気づかされました。

小さな居酒屋の大多数が、カウンター中心の店づくりですから、カウンターの作り方によっては他店との差別化ができるのです。

●カウンターは入口から！

一般的な居酒屋では、入口正面の奥に厨房とカウンターを作ります。しかしこれでは、店のにぎわい感や活気が伝わってきません。調理する人が、「いらっしゃいませ！」と言葉をかけられる店がよいのです。そのためには、カウンターを入口から作る必要があります。

●カウンターは幅広く！

大きな皿に刺身やサラダを盛り付けて提供することで、商品の差別化をしたいと考えても、一般的なサイズのカウンターでは商品が置ききれないため、それは難しいでしょう。そのためには、60センチ以上の奥行きが必要なのです。

私は、幅広のカウンターを「もてなしカウンター」と呼んでいます。それは、①ゆっくりとした気分で落ちつくことができる、②商品をあれこれと注文しても置く余裕があるし、多くの商品が乗っているほうが楽しい、③そういう余裕感が、「お客さま扱い」されているという気分を作ってくれる、という三つの効果を作り出すからです。

●カウンターは足を組める高さに！

椅子に座って足を組むと、くつろいだ気分になります。足が組めない高さのカウンターでは、居心地が悪くて、すぐに帰りたくなります。

椅子の座る部分からカウンター下までの広さを、30～35センチもたせることで、足を組む余裕が生まれます。

カウンターは小さな居酒屋の「生命線」。その作り方で他店との差別化ができる

幅広のカウンターに、商品が所狭しとばかりに乗る―浜海道・香川

広いカウンターはお客さまにゆとりを与える―チーズカフェ・横浜

5 「狭い店」、それが強みで繁盛する

●2店目出店時の失敗

大阪に、たこ焼きを主力商品にした居酒屋の繁盛店があります。以前、その繁盛店が2店目を作りました。場所は、最初の店から歩いて4～5分のところでした。繁華街ですから、場所的にも悪くありません。

しかし新店には、いつ行っても2組か3組のお客さましかいませんでした。1年もたたず、2店目のほうは閉鎖しました。

このように、2店目で失敗するケースは少なくありませんが、こうした場合の多くには共通点があります。

1号店を出店するときにはお金がないため、小さな店しか借りられませんが、売上げがほしいので、可能なかぎり席数を増やします。結果的に、余裕のある店にはなりません。厨房も狭く、動きづらいのです。

そこで2号店目を出店するときは、その問題点を解決して、厨房の動きやすさや席間に余裕をもった店を作ります。しかし、よかれと思ってやったにもかかわらず、売上げや収益は思ったように伸びないのです。

●ズバリ、狭い店が繁盛する

店内が活気で満ちて、にぎわいのある店が繁盛します。居酒屋は、決して高級な店ではありません。狭くても気にすることなどないのです。カウンターに座った状態で、背中から壁まで50センチ、従業員がその後ろを通って商品を運ぶ場合には、70センチが目安です。テーブル間の通路も、80センチを目安にすればよいでしょう。

そして、親近感がお客さまを引きつけます。席間を狭くしたほうが、店主との親近感が演出されます。席間が狭くなれば、お客さまがひとつのかたまりとして一体化します。この一体化は、厨房で働く店主との距離を短くする効果を作り上げます。

逆に、席間を十分にとりすぎると、お客さまのかたまりがひとつとならず、いくつにも分かれます。このような状態になると、店主や従業員との距離感が生まれてしまいます。店主との親近感が作れる店ほど、お客さまを固定客化しやすいのです。

小さな店は狭くなります。しかし、それが「強み」となることを忘れないでください。

客席の後ろが通りづらいような「狭さ」が店の活気を生む

お店の狭さは、お客さまをひとつのかたまりとして一体化させる

店主との親近感を感じさせるぐらい、お客さまとの距離が近い店ほど繁盛する

6 「一目管理」できる店が収益を生む

実は、大手チェーンの居酒屋ほど、クレームが起きやすいのです。そうした大型店では、店長1人では店内を見きれないためです。お客さまの目線を切るようなレイアウトで、しかも間仕切りを多用しているため、店長がどの場所に立っても、すべてのお客さまの表情を見ることができないのです。そのため、よくクレームが発生します。

あなたが常時仕事をしている場所から、動かずに店内を見て、どれだけの範囲のお客さまの表情が見えるか——これが「一目《ひとめ》管理」です。

全員のお客さまの表情が1ヶ所で見える店、すなわち、1ヶ所で「一目管理」できる店が理想です。「一目管理」でカバーできるお客さまの数に比例して、店は効率がよくなり、クレームの発生も少なくなります。

●「一目管理」は効率と売上げを生む

カウンターの厨房に立って、テーブル席のお客さまと視線が合う。そのときその場で、「何かご用はないですか」と声をかけると、お客さまは安心します。客席をグルグル回らなくてもよいのです。「一目管理」できる店は、作業の効率を高めてくれます。

また、店が「一目管理」できるレイアウトなら、店主はその場から、グラスのアルコールや皿に盛り付けた料理の減り具合も、ひと目で把握でき、タイミングのよいおすすめの言葉がかけられます。すると、1品のプラスアルファが生まれ、新しい売上げが期待できます。しかも、自分の手が空いたときにひと声かければ、注文が集中することなく、スムーズな仕事を可能にします。

●「一目管理」できるレイアウトの工夫を

そのためには、①席間の間仕切りをなるべくしない、②座敷のような閉め切るタイプの部屋よりも、開放感のある小上がり席を重視する、③厨房は、すべてオープンのほうがよい、④カウンターと厨房との間仕切りは、極力作らない、⑤店主が常時いる場所（一般的には、カウンターの中）に対して、お客さまが背中を向けるような席はレイアウトしない、この五つがポイントです。

お客さまを「一目管理」できるレイアウトが実現すると、効率がよくなって収益を生んでくれるようになります。

お客さま全員が1ヶ所から見える店舗レイアウトが理想

カウンターから、どこまでの客席が見通せるかが利益のポイント

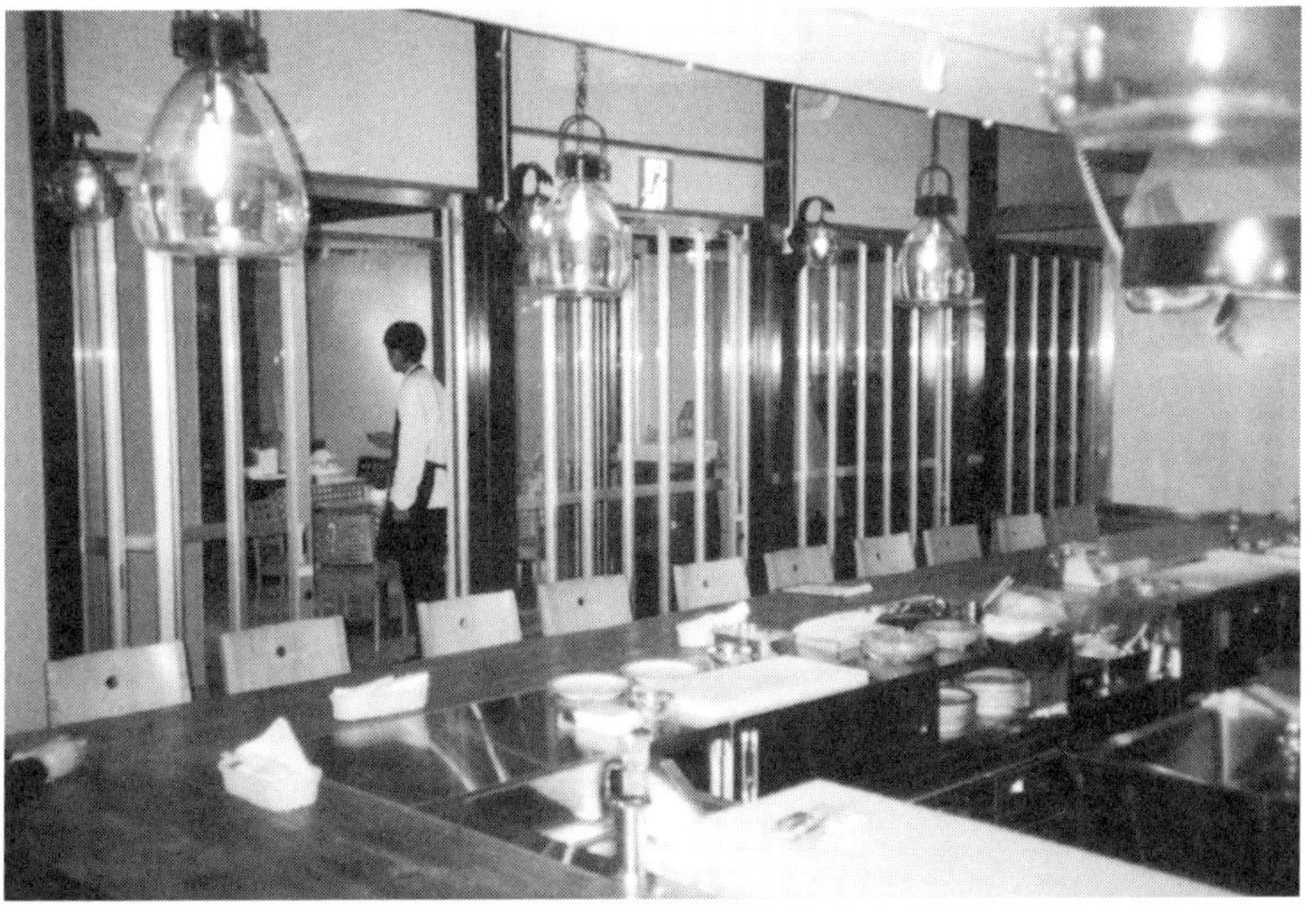

7 店の「強み」を演出するユニフォーム

ある繁盛居酒屋があります。私の知り合いの経営者に、その店を見ていただいたところ、その繁盛ぶりに驚かされたという意見が少なくありませんでしたが、その中に、私自身が驚かされた意見がありました。しかも、それはみなさん共通していたのです。

●にぎわい感を演出する

それは、「繁盛しているが、従業員が多すぎるような気がする」という意見でした。

私は不思議に思いました。

その店の人件費率は、他店に比べても高くなく、生産性などは高いほうだと思っていたからです。

そこでわかったことは、オープンキッチンのため、厨房で働く人が全員見えるためということでした。

しかし、もうひとつ要因がありました。

それは、キッチンスタッフとホールスタッフのユニフォームを同じ色にしていたことです。そのため、〝従業員が多く感じた〟のです。

つまり、同一色のユニフォームを全員着用することで、店に〝にぎわい感＝活気感〟を演出できることに気がつきました。

●ユニフォーム選びのポイント

料理を「よりおいしく」感じさせる演出ができるものを選択すると、店の「強み＝おいしさ」を、より印象づけることができます。

(1)白色……飲食店にとっての清潔さは、基本中の基本です。清潔さの印象を強める色は「白」です。ユニフォームを選ぶうえでの基本と考えてください。ただし、白は逆に、汚れも目立たせるため注意が必要です。

(2)調理着の着用……調理人が調理着をユニフォームとして着用していると、お客さまには「本物の技術者＝手づくり」のような印象が残ります。接客者も調理着を着用すると、「職人」が接客しているような感じになり、やはりおいしさの演出ができます。

(3)調理帽（その代用品）を使用……ユニフォームが白になると、頭髪の黒が目立ち、お客さまの目に汚く映ります。それを防ぐためにも、帽子のようなものを使用したほうがよいでしょう。

ユニフォームは店の「顔」でもある。「おいしさ」を強調する演出ができる

キッチンスタッフとホールスタッフが同一色のユニフォームを着ることにより〝にぎわい感〟が演出できる
──玉藤・札幌

8 オープン厨房を活用する工夫を

すでに申し上げたように、「カウンターは居酒屋の生命線」であり、「一目管理できる店が利益を生み」ます。小さな店は席効率から考えても、この二点が大きなポイントとなります。そのためには、厨房のオープン性が必要となります。

「チーズカフェ」や「伝兵衛」なども、この二つのポイントからオープン厨房となっています。７坪で月商２００万円の店を、わずか2年で、45坪で月商８００万円にまでした神奈川の「オリエンタル」も、オープン厨房を取り入れています。

しかし、壁面の少ないオープン厨房では、食器や食材などを置くための棚のスペースがかぎられてきます。オープン厨房を、より有効的に活用するためには、三つのコツがあります。

●カウンターと厨房側の作業台の高さは同じにする

作業台とカウンターの高さを同一にし、作業台とカウンターを区切るための仕切りはつけません。そうすることによって、両者がひとつの大きな面となります。その面を利用して、食器などを並べるのです。大きな棚の役割をしてくれます。

●調理器は、カウンターを背にした壁側に設置する

ガスレンジやフライヤーなどの調理器具は、壁側に作ります。盛り付けやネタ切りは、カウンター側の作業台で行ないます。それによって、よりいっそうの広さを、カウンターと作業台の面で作ることができます。

●カウンター側に棚を、壁側に台下冷蔵庫を作る

壁側に置かれた調理器具の下やサイドを利用して、台下冷蔵庫を設置するようにします。それによって、調理器具と食材とが近くになり、より効率のよい作業も可能になります。

また、カウンターの下側には2～3段の棚を作り、下部には扉のついた収納庫を作ると便利です。カウンター側に棚を作ることによって、お客さまの視線から隠すことができ、頻繁な出し入れで、多少乱雑な使用となっても目立ちません。

このような工夫によって、「小さな店」が、より有効に活用されるようになるのです。

小さな店だからこそ、効率的に使うための工夫が光る

オープンキッチンの店は器材収納の工夫が必要
・上部のダクトにつけられた調理器具用の吊り棚
・厨房の壁に作られた食器用の棚

カウンターと調理作業台の仕切りはつけないほうが、「実演力」と「迫力」がより強調される

9 面積に合わせたレイアウトの基本

●繁盛店のレイアウトの基本

　繁盛するための店舗レイアウトのコツをお話しします。多くの繁盛店に共通して挙げられるのは、次の6点です。

(1)間口は二間……新規のお客さまの足を店頭で止めさせるためには、最低でも二間（3・6メートル、一間＝1・8メートル）の店頭が必要です。それ以下では、店の存在感が薄くなります。

(2)面積は10坪……年間の一坪当たり売上げは、繁盛店で250万円以上、基本は150～200万円です。年間収入で700～1000万円を獲得するためには、売上げは、その約2倍が目安になりますから、1500～2000万円が必要です。したがって、面積は10坪が基本となります。

(3)入口からはじまるL字カウンター……お客さまが入店したとき、店内により入りやすくするためには、左図のように、カウンターはL字で構成するか、カウンター奥に入る通路を最低限の幅（椅子から60センチ）にするかのどちらかが必要です。

(4)60センチが基本の数値……カウンター幅、厨房機器、作業台や通路などは60センチが基本です。ただし、もう少し余裕がとれるようなら、カウンターを70センチにしてください。

　カウンター中心の多くの居酒屋では、カウンターは45～50センチ程度です。それでは、少し料理を置くと、もうスペースがなくなります。カウンターを広く作ることによって、他店にはない、気分のよい印象を与えることができるようになります。できれば、厨房通路も1メートルとれば、動きやすい厨房になるでしょう。

(5)入口での主力調理……主力商品の調理は、入口付近で実施することで、お客さまに強い印象を与えます。ネタの陳列や実演は、図の☆印のところが基本です。

(6)にぎわいのある15席……店内ににぎわいのある活気を作るためには、7組くらいのお客さまが会話している状態が必要です。1組当たり1～3人での来店が基本ですから、店内に活気を作るためのカウンター席数は15席ぐらいが目安となります。

小さいなりに魅力的な店を演出するレイアウトの基本

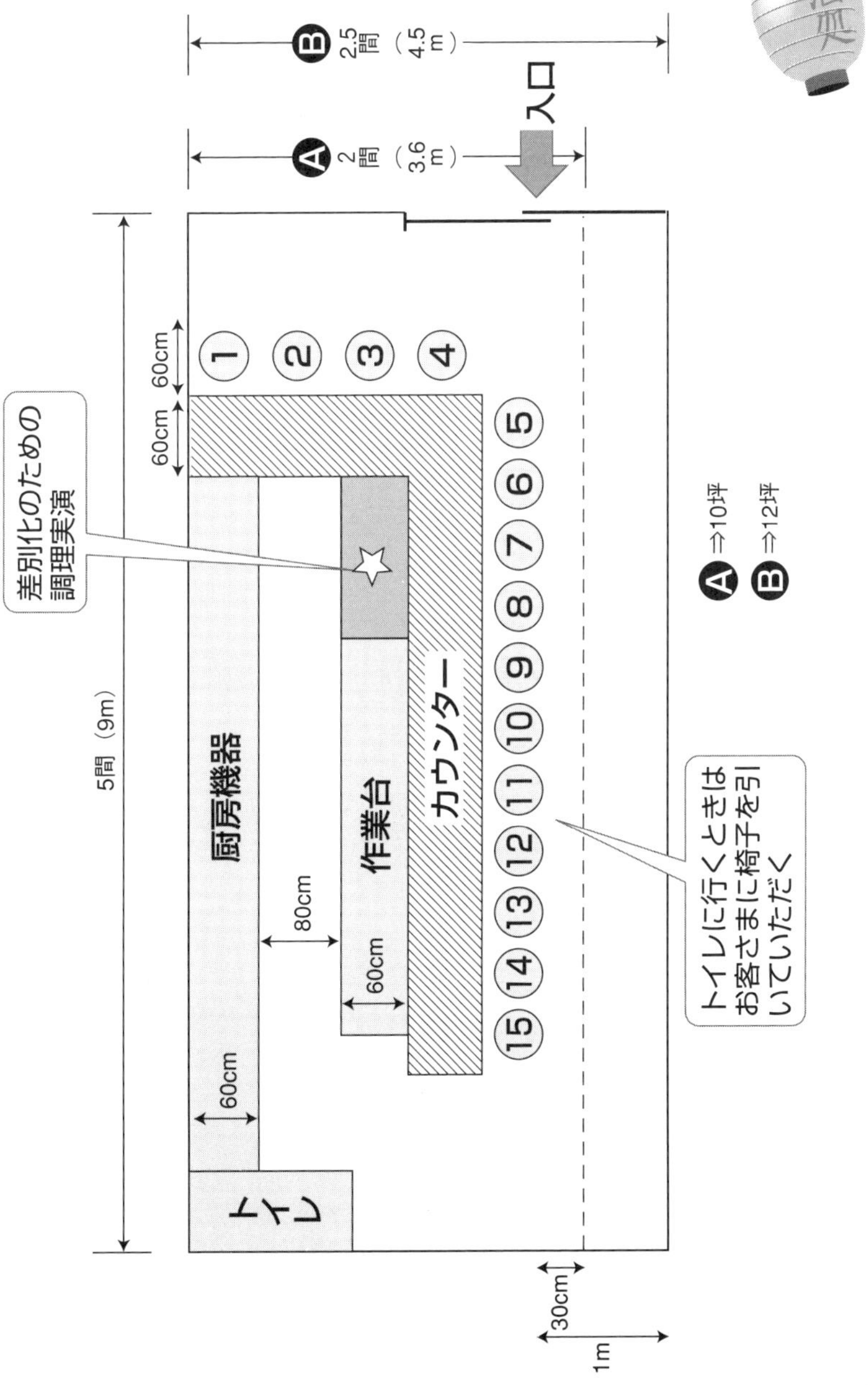

10 繁盛する店づくり10のチェックリスト

だれにでも、必ず繁盛店が作れます。自信を持ってください。

そのためには、次に挙げる「繁盛店づくり10のチェックリスト」を実施して、一つひとつ確実に実現していけばよいのです。

●あなたの店はいくつクリアーできるか?

(1)思わず足を止める……店が存在感を持つためには、二間以上の間口が必要です。それ以下なら、何度、店の前を通っても、お客さまの記憶には残りにくいものです。

(2)入りやすさ……初めて入る店には不安を感じます。90センチぐらいの幅で、店内が見える窓が必要です。その窓からは、調理実演が見えることが大切です。

(3)印象が残る……看板やのれんの大きさが、お客さまの視線をとらえます。ただし、店内が見える窓がない場合は、逆に閉鎖感が強まりますから注意してください。

(4)おいしさの印象……お客さまは、その店が何屋かわかることで、より入りやすくなります。もっと具体的に主力商品で表現すると、より効果的です。

(5)第一印象の強烈さ……お客さまが店内に入って、一番最初に見るのが実演調理です。入口3メートル以内が基本です。

(6)活気……7組のお客さまが、ひとつのカウンターで会話をしていると活気が作られます。その目安は15席です。

(7)もてなし感……「小さな居酒屋」の特徴は、カウンター席中心であることです。カウンターで他店と差をつけるためには、70センチ幅が必要です。

(8)店主が迎える……店主が最初にお客さまを迎える、これが繁盛の大原則です。そのためには、店主の仕事を入口に集中させます。

(9)席回転性と居住性の一体化……売上げを上げるためには、席回転性を高めることが必要です。お客さまの居住性を妨げずに席回転性を高めるためのポイントは、店内照度です。

(10)収納性と実演性の一体化……オープン厨房は壁が少ないため、収納スペースがとれません。そのためには、作業台とカウンターの仕切りをなくすことです。また、それによって実演性の効果が高まります。

繁盛するための店づくり10のチェックリスト

	項　目	ポイント	ある	ない
店頭	①思わず足を止める	間口の広さ（二間以上）		
店頭	②入りやすさ	店内が見える		
店頭	③印象が残る	のれんの大きさ		
店頭	④おいしさの印象	主力商品がわかる		
店内	⑤第一印象の強烈さ	入口3m以内で実演		
店内	⑥活気	カウンター15席		
店内	⑦もてなし感	カウンター幅70cm以上		
店内	⑧店主が迎える	入口での主力調理		
効率	⑨席回転性と居住性の一体化	初期照度500ルクス		
効率	⑩収納性と実演性の一体化	カウンターと作業台との間仕切りなし		

※7割以上をクリアーするようにしてください

6章 お客さまの心をつかんで離さないもてなしの工夫

商品の提供のしかたと接客の心構え

1　「つきだし」で店主のもてなしを印象づけよう

札幌の、ある繁盛居酒屋で驚いたことがあります。「つきだし」が出てきたのですが、一皿に4種類の商品が少量ずつ盛り付けられていたのです。「わぁ！　いいですね」と、その場にいた全員が声をあげました。私は最初に、たこの天ぷらを食べてびっくりしました。揚げ立てだったからです。私はそれまで、揚げ立ての熱いつきだしを食べた経験は一度もなかったからです。「さすが繁盛店はちがう！」と感心してしまいました。

「つきだし」は強制販売です。しかも、ほとんどの店のつきだしは内容も貧弱で、手をつけないお客さまも見かけるほどです。

だからこそ、この居酒屋のような心配りは、強くお客さまの心に残るのです。

●「つきだし」で他店と差別化する五つのポイント

(1)つきだしは店の第一印象……その店で、一番最初に出る商品が「つきだし」です。これはチャンスと言えるでしょう。お客さまの印象に残るつきだしが提供できれば、簡単に他店との差別化が図れるからです。

(2)印象は「熱さ」で作られる……居酒屋で出されるつきだしには、「熱さ」がありません。すぐに提供できるように、つくり置きをしているからです。天ぷらや唐揚げなどは、「熱さ」のある商品です。小さなサイズで量も少なければ、調理時間はかかりません。

(3)印象は「冷たさ」で作られる……小鉢に氷を入れて、その上につきだしを盛り付けます。小鉢に氷を入れるぐらい簡単なことです。しかしお客さまは、そのようにして提供されたつきだしに、店主の心配りを感じます。

(4)印象は「数」で作られる……小鉢に1種類の料理が典型的なつきだしです。そこで、小さな平皿に4～5種の商品を並べて提供します。お客さまからは、「気がきいているな」という言葉が返ってくるようです。

(5)印象は「本日の」で作られる……つきだしを、毎日変化させましょう。1ヶ月間に予定しているつきだしのメニューを作って、20～30種類の品揃えを書き、「本日のつきだし」として、その中の2～3品に丸印を入れるのです。品揃えの豊富さが演出されるため、お客さまは大変満足します。

「つきだし」は、最初に店の好印象を与える大きなチャンス

「つきだし」の工夫で、店主の心がお客さまに伝わる。
右の天ぷらは揚げ立てで熱く、お客さまに強い印象を与える

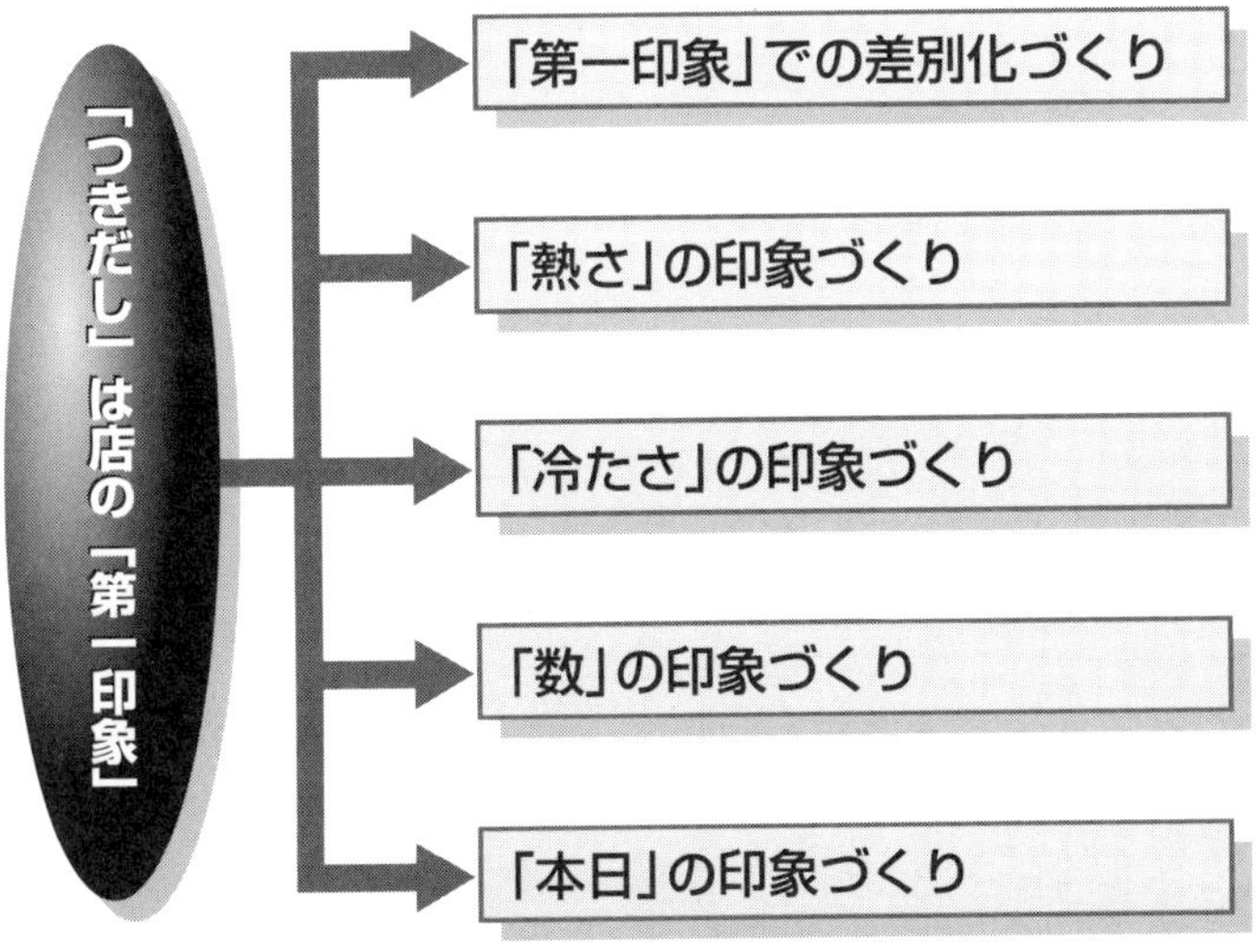

2 お客さまを得した気分にさせる「今月の仕入れ」

横浜の「伝兵衛」の人気メニューは「今月の仕入れ」です。地どり、米、野菜、日本酒、焼酎などを日本各地から仕入れて、「今月の仕入れおすすめメニュー」を作っています。定番メニューだけでは、お客さまの満足は作れません。メニューに変化を持たせ、お客さまの来店頻度が落ちないように、「伝兵衛」のようなメニューの工夫が必要なのです。

●季節性を感じさせる食材ならベスト

まず、季節商品を考えます。その季節商品の食材をメニューで表示します。季節性を感じる食材ならベストですが、そうでなくても問題はありません。メニューの表示は「今月の仕入れ」とし、そして季節商品用の食材を書きます。

さんま、しいたけといった食材を書き入れた後に、「今月のおすすめメニュー」というサブタイトルを入れます。そして、さんまの刺身、さんまの塩焼き、しいたけのはさみ揚げというように、商品名を書き入れていきます。

季節メニューに、食材とそれを使った商品を表現すると、お客さまは「鮮度のよさ」を強く印象づけられます。これが、お客さまの口コミとなるのです。

●「産地」が差別化のコツ

「今月の仕入れ」として食材を表示しますが、競合店と差別化するためには、「産地」の表示をすると、より効果的です。

たとえば、「さんま……佐渡より」とか「しいたけ……群馬より」というように表示するのです。「豆腐は○×豆腐店のものを使用」というような製造店の表現も、同じような効果があります。また農産物などに、生産者の名前を表示している居酒屋も出はじめています。

当然のことですが、ウソの表示は絶対にしてはなりません。店主の心意気は、必ずお客さまに伝わるため、ウソもまた伝わります。

産直やこだわり食材の仕入れは、難しくありません。インターネットを使えば、だれにでも簡単にできます。ノウハウなどなくても、お客さまの満足と口コミは作ることができるのです。

店主の心意気が伝わる「今月の仕入れ」メニュー

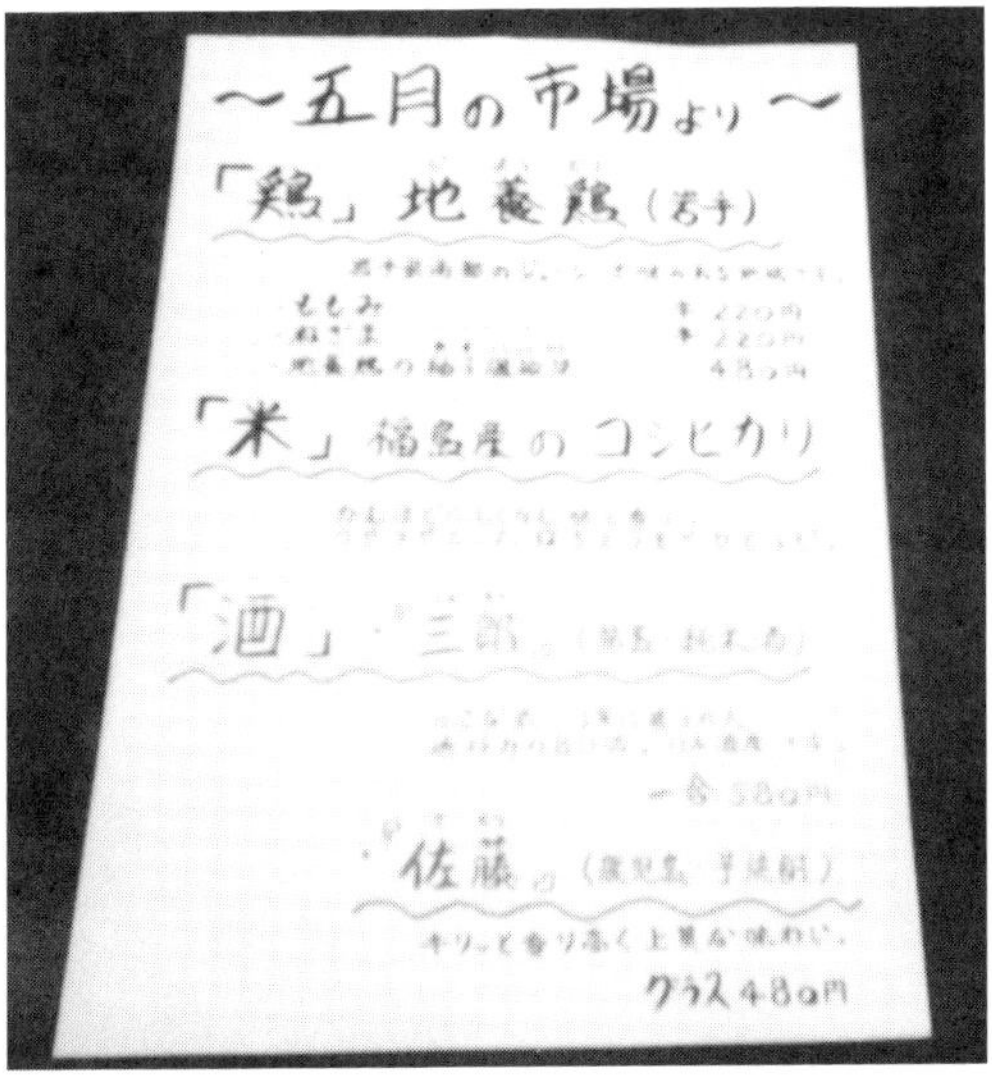

主力商品について、「今月の仕入れ」といった打ち出し方をすることで差別化が図れる—伝兵衛・横浜

「本日の日本酒」というすすめ方も、お客さまを得した気分にさせる工夫のひとつ—オリエンタル・横浜

3 「隠れメニュー」がなじみ客の心をくすぐる

お客さまの満足感を高めるために、「隠れメニュー」を使うという方法があります。

東京にある「ナプレ」というイタリアンレストランの繁盛店で食事をして帰るとき、従業員が私のもとにやって来て、こう言いました。

「お客さま、本日はありがとうございます。メニューに掲載した商品以外に、常連さまにお出ししている生ハムを使った商品があります。人気のある商品です。次回はぜひ、それをお試しください」と。

私は「なるほど」と思いました。メニューには掲載しない「隠れメニュー」という方法で、なじみ客の満足度を高めているのです。

●「本日の入荷です」とすすめてみる

お客さまが、黒板に書かれた本日のおすすめメニューを見ているとき、注文に迷っているようなら、「お客さま、今日はこの黒板のおすすめメニュー以外に、○×が入荷しています」とおすすめすると、たいていのお客さまが、「じゃあ、それをもらいます」となります。

常連客なら、「今日は、何かいいのが入っていますか」と、期待をもって聞くようになるし、それによって、常連であるというプライドもくすぐられます。

新規客に近いようなお客さまにも、「お値打ちな商品」が注文できたと思わせ、大きな満足を与えることができます。

●効果的な「メニュー以外に、この商品があります」

たとえば、お客さまが日本酒のメニューを見ながら迷っているとします。

そこで、「お客さま、おすすめさせていただいてもよろしいでしょうか」と声をかけてみましょう。

「こちらとこちらのお酒が、当店で人気があります。もしよろしければ、このメニュー以外にも○×という日本酒があります。この商品も人気があります」

お付き合い先の居酒屋でこのようにしてもらうと、お客さまはその「隠れメニュー」をよろこんで注文します。

一品の「隠れメニュー」が常連客の満足度を高め、その一品が、他店にはないほどの品揃えの豊かさを演出するのです。

なじみ客の満足度を高め、品揃えの豊かさも演出する「隠れメニュー」

4 「ていねいな仕事ぶり」で信頼を得よう

●固定客の満足をつくるもの

繁盛居酒屋「どんさん亭」の籾山社長は、繰り返し従業員に伝えていることがあります。それは、「ていねいな仕事をしろ」ということです。包丁で刺身を切ったときに刺身の切り口の角が立つぐらいのていねいな仕事が、居酒屋には必要だ、ということです。

居酒屋は、毎日のように来店するお客さまが多い業種です。固定客の満足は、「ていねいな仕事」でしか作れない、と籾山社長は言います。

●お客さまの目で自分の仕事を再点検してみよう

あなたの仕事ぶりを、常にお客さまは見ています。自分の仕事を、お客さまの立場で観察してみてください。まず、「ていねいな仕事」ができているかどうかです。

あなたは、片づけながら仕事をしているでしょうか。包丁で刺身を切って、清潔なふきんで包丁をぬぐう。そして、まな板に揃えるようにして包丁を置く。それが、きびきびとした動きの中で行なわれているでしょうか。

その「仕事ぶり」に、お客さまは「さすが！」という印象を抱くのです。「ていねいな仕事ぶり」は、商品のおいしさ感を演出してくれます。

意外に感じられるかもしれませんが、「素手」で仕事をしないということも大切なポイントです。せっかくていねいに切られた刺身を、素手で器に盛り付けてしまったのでは台なしです。

ところが、はしを使わず、素手で盛り付けている光景を、居酒屋でよく見かけます。

カウンターに座ったお客さまは、何気ない表情ですべてを見ています。とくに女性のお客さまは、そのようなやり方を嫌います。素手で盛り付けられた商品を前にしても、けっして食欲は湧いてこないでしょう。

仕事をしている手許は、大切なポイントです。しかし、働くあなたの表情はもっと大切かも知れません。「おだやかな表情」で仕事をしていると、お客さまもなごんだ気分になるからです。

おだやかな表情で、お客さまや従業員に接するようにしてください。あなたの「おだやかな表情」が、お客さまに好ましい印象を与えるのです。

「おだやか」な表情と「ていねいな仕事ぶり」がお客さまを引きつける

5 店全体が評価の対象になる

●たかがトイレと言うなかれ

札幌にある「チーズ・チーズ」というイタリアン居酒屋のトイレに入って驚いたことがあります。

その店では、テーブルには紙製のテーブルクロスが敷かれています。

テーブルの上にはクレヨンが置かれていて、従業員の方が、お客さまにあいさつに来られたとき、そのクロスにクレヨンで自分の名前を記入してから接客を開始します。お客さまとのコミュニケーションを高めるためです。

食事中に、お客さまも似顔絵を描いたり、料理のコメントを書くなどして楽しんでいるようです。

そして、ユニークな〝落書きのあるテーブルクロス〟をいくつもトイレの中に飾りつけています。

それを読んでいると楽しい気分になり、非常に印象に残りました。小さな店ではその店全部が、店主であるあなたに対する評価の対象となります。

●トイレに対する注意ポイント

(1)予備のトイレットペーパー……お客さまがトイレで用を足した後、最後のトイレットペーパーを使ってしまった場合、そのままにしておくと考えたほうがよいでしょう。しかし、次に入ったお客さまは困るし、腹立たしい気分にもなります。だから必ず、トイレットペーパーの予備を目につくところに置いておきます。それが心遣いです。

(2)消臭スプレーを置く……小さな店では、男女共用のトイレも珍しくありません。消臭スプレーを置く気配りは、女性客にはよい印象を与えます。

(3)一輪の花……切り花一本は、200円もあれば買えます。一輪の花で、お客さまの気分はなごみます。

(4)おしぼりの手渡し……お客さまがトイレから出たら、あなた自身の手でおしぼりを手渡します。テーブルの上に、熱いおしぼりを置いておくのもひとつの手です。

(5)ひと声がけ……お客さまがトイレに立ったとき、使用中なら、「すみません。今使われています」と声をかけます。そして、トイレが空いたとき、お客さまにそれを伝えます。

こんなちょっとした配慮が、店主の心配りを強く印象づけるのです。

店主の心配りが現われるだけに、トイレには十分な注意が必要

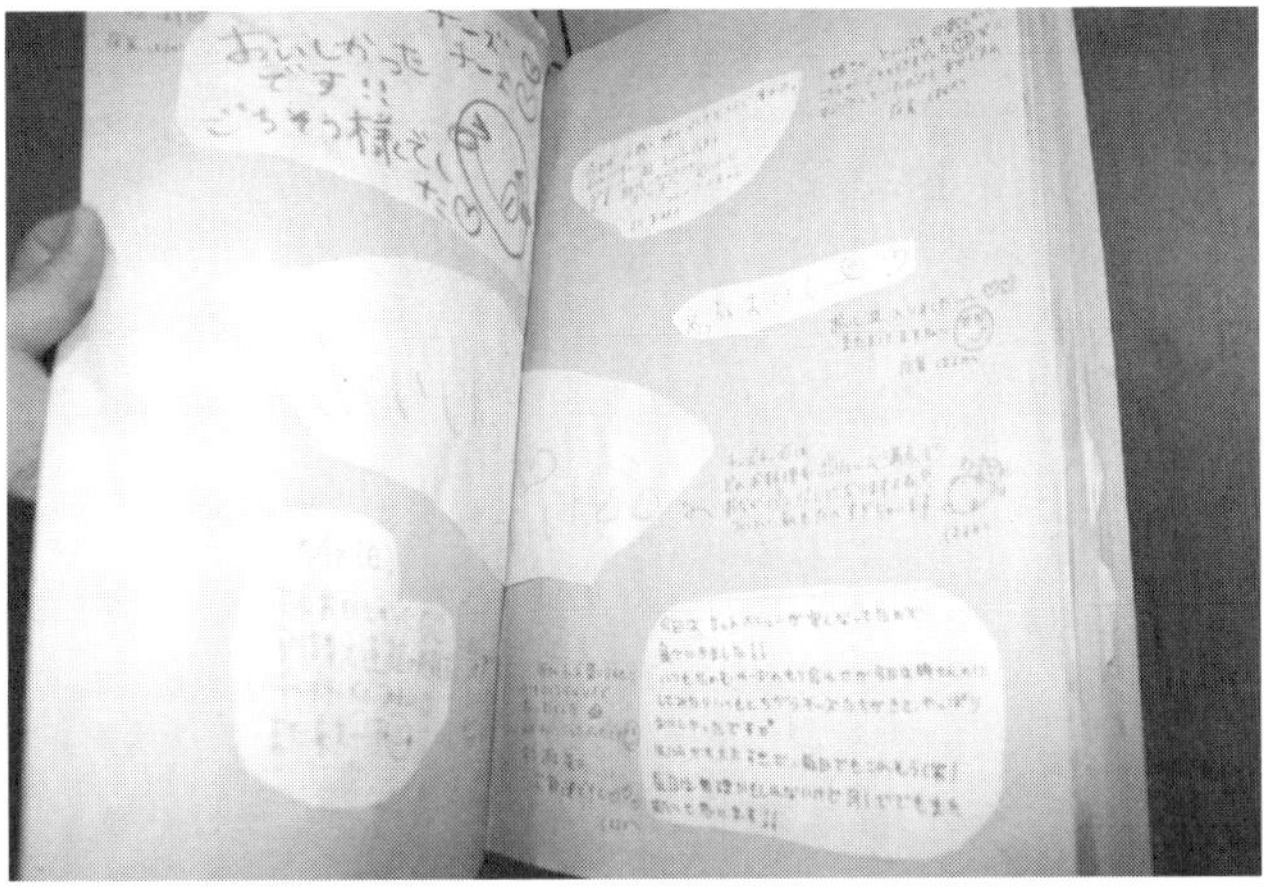

お客さまのコメントノートをトイレ内に設置して
お客さまとのコミュニケーションを図っている

落書きされたテーブルクロスをトイレの中でかざりつけることでお客さまの印象に残る

6 お客さま！お気軽にお申しつけください

●お客さまの要望に応えるのが商売の基本

「醤油をください」。あるお客さまが、注文した商品をひと口食べた後、店主に醤油を注文しました。ところが、「醤油など必要ない」と店主。大阪のある居酒屋で、こんなやりとりの場面に出くわしました。理由は、味には自信があるから、とのことでした。

そのお客さまはムッとした表情になり、すぐに店を出て行きました。私もすごくイヤな感じになったため、すぐに店を出ました。その店にはその後、行ったことはありません。

いくら自分に自信があっても、お客さまのお申しつけを断わることは、お客さまを馬鹿にした行為と言えるでしょう。

そのとき、その店にいたのはたったの4名でした。8時という居酒屋のピーク時間帯であるにもかかわらず、です。お客さまの要望にも応えられない店に、繁盛などあり得ないとつくづく思いました。

商売には、お客さまのお申しつけに喜んで応える謙虚さが求められます。

●要望に応える姿勢をどう具体化するか

では、そうした店側の姿勢をどう具体化していったらよいのでしょうか。

まず、「お客さま！　お気軽にお申しつけください」というタイトルをつけたテーブルスタンドやポスターを用意します。

たとえば、「当店では、テーブルの調味料以外にも、柚子胡椒――辛味と風味があります――を用意しております。お気軽にお申しつけください」というように、お客さまに告知します。この場合、調味料は3～5種類程度表示しておくと、選択する楽しみも味わえます。

さらには、甘味や辛味、そして商品のボリュームやサイズなども、お客さまの注文に応えることができたら、お客さまの満足感はより高まります。他店では見られない心配りの行き届いた店となります。

お客さまの中には、要望を口にできない方もいます。だからこそ、「お気軽にお申しつけください」という表示が大切なのです。

料金受取人払郵便

神田支店
承　　認
8946

差出有効期間
平成23年１月
31日まで

郵便はがき

101-8796

511

（受取人）
東京都千代田区
神田神保町1—41

同文舘出版株式会社
愛読者係行

毎度ご愛読をいただき厚く御礼申し上げます。お客様より収集させていただいた個人情報は、出版企画の参考にさせていただきます。厳重に管理し、お客様の承諾を得た範囲を超えて使用いたしません。

図書目録希望　　有　　無

フリガナ お名前		性　別 男・女	年　齢 才
ご住所	〒 TEL　　（　　）　　Eメール		
ご職業	1.会社員　2.団体職員　3.公務員　4.自営　5.自由業　6.教師　7.学生 8.主婦　9.その他（　　）		
勤務先分類	1.建設　2.製造　3.小売　4.銀行・各種金融　5.証券　6.保険　7.不動産　8.運輸・倉庫 9.情報・通信　10.サービス　11.官公庁　12.農林水産　13.その他（　　）		
職　種	1.労務　2.人事　3.庶務　4.秘書　5.経理　6.調査　7.企画　8.技術 9.生産管理　10.製造　11.宣伝　12.営業販売　13.その他（　　）		

愛読者カード

書名

◆ お買上げいただいた日　　　　年　　月　　日頃

◆ お買上げいただいた書店名　（　　　　　　　　　　）

◆ よく読まれる新聞・雑誌　（　　　　　　　　　　）

◆ 本書をなにでお知りになりましたか。

1．新聞・雑誌の広告・書評で　（紙・誌名　　　　　　　　）

2．書店で見て　3．会社・学校のテキスト　4．人のすすめで

5．図書目録を見て　6．その他（　　　　　　　　　　）

◆ 本書に対するご意見

◆ ご感想

●内容	良い	普通	不満	その他（　　　）
●価格	安い	普通	高い	その他（　　　）
●装丁	良い	普通	悪い	その他（　　　）

◆ どんなテーマの出版をご希望ですか

商売の基本である「お客さまの要望に応える」姿勢を具体的に見せる

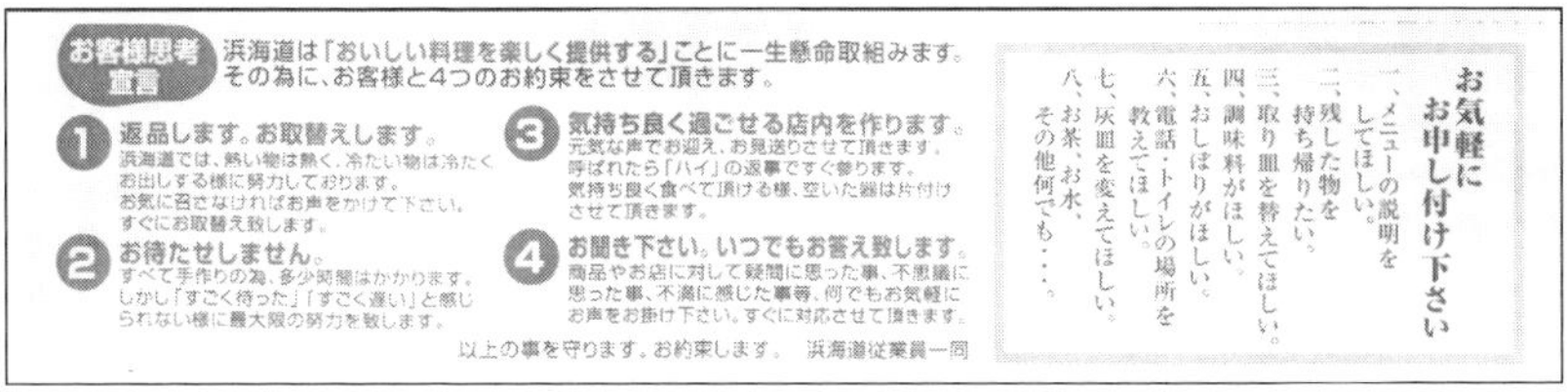

お客様思考宣言

浜海道は「おいしい料理を楽しく提供する」ことに一生懸命取組みます。
その為に、お客様と4つのお約束をさせて頂きます。

1. 返品します。お取替えします。
浜海道では、熱い物は熱く、冷たい物は冷たくお出しする様に努力しております。
お気に召さなければお声をかけて下さい。
すぐにお取替え致します。

2. お待たせしません。
すべて手作りの為、多少時間はかかります。
しかし「すごく待った」「すごく遅い」と感じられない様に最大限の努力を致します。

3. 気持ち良く過ごせる店内を作ります。
元気な声でお迎え、お見送りさせて頂きます。
呼ばれたら「ハイ」の返事ですぐ参ります。
気持ち良く食べて頂ける様、空いた器は片付けさせて頂きます。

4. お聞き下さい。いつでもお答え致します。
商品やお店に対して疑問に思った事、不思議に思った事、不満に感じた事等、何でもお気軽にお声をお掛け下さい。すぐに対応させて頂きます。

以上の事を守ります。お約束します。　浜海道従業員一同

お気軽にお申し付け下さい

一、メニューの説明をしてほしい。
二、残した物を持ち帰りたい。
三、取り皿を替えてほしい。
四、調味料がほしい。
五、おしぼりがほしい。
六、電話・トイレの場所を教えてほしい。
七、灰皿を変えてほしい。
八、お茶、お水、その他何でも・・・。

この店では、「お気軽にお申しつけください」以外に、「お客さま思考宣言」をお客さまから見える場所に置き、積極的に要望を受ける努力をしている

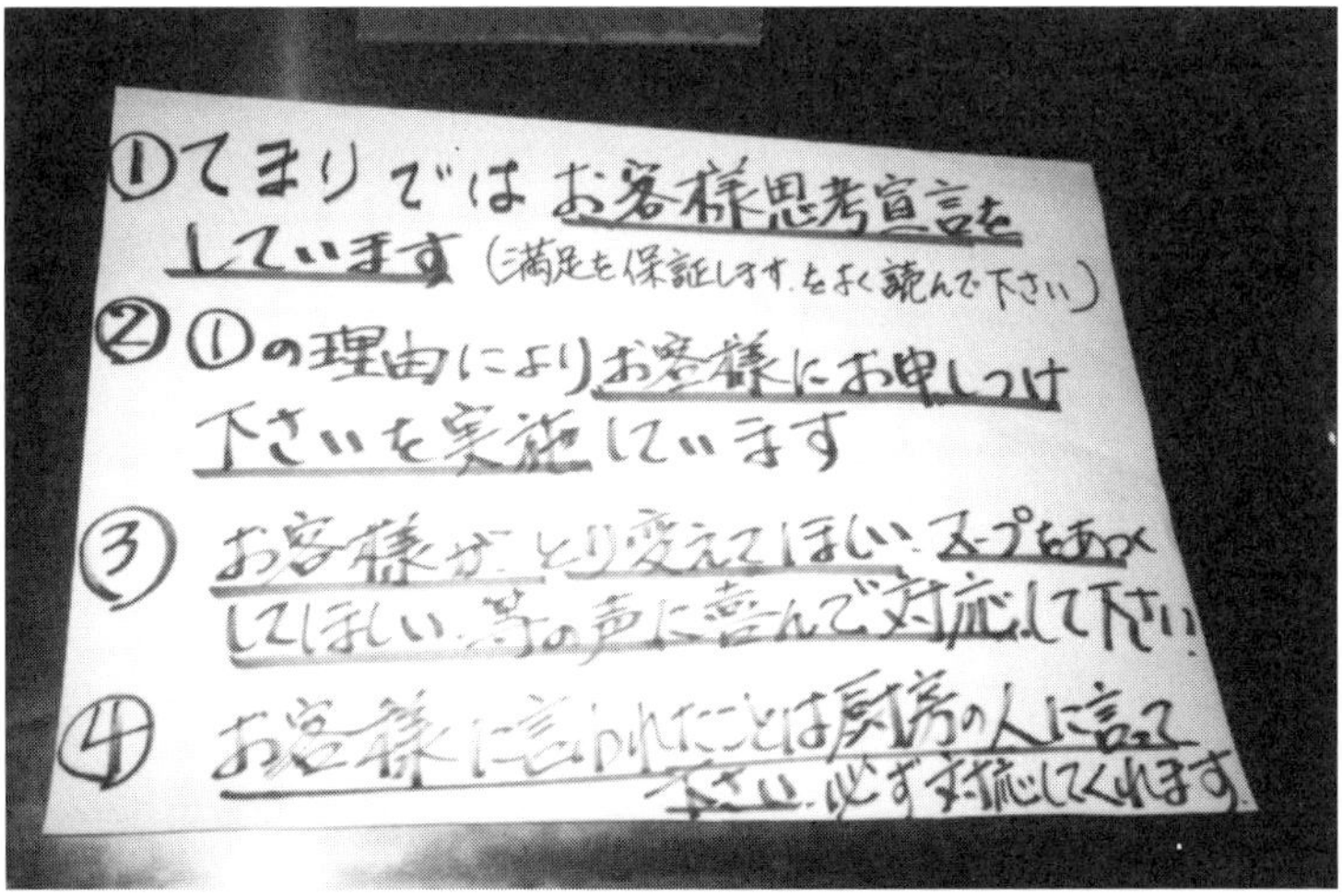
①てまりではお客様思考宣言をしています（満足を保証します。をよく読んで下さい）
②①の理由によりお客様にお申しつけ下さいを実施しています
③お客様が、とり変えてほしい、スープをあつくしてほしい、等の声に喜んで対応して下さい！
④お客様に言われたことは厨房の人に言って下さい。必ず対応してくれます。

バックヤードにこのような貼紙を設置し、全員での徹底を心がけている

7 「あいよー」はダメ！返事は「はい」とていねいに

●店員の「返事」は、店のレベルの判断材料

「なぜ、この店では「あいよー」という返事なんですか？」と質問すると、「仕事にリズムができるから」という答えが、必ず返ってきます。不振店の活性化依頼で経営相談を受けるとき、よく聞かれる会話です。

居酒屋で、従業員が調理場に注文を通すと、「あいよー」という返事を返す店が少なくありません。それだけならまだしも、お客さまの呼ぶ声に対しても、「あいよー」という返事が返ってくる場合があります。

お客さまは店主や従業員の言動で、その店のレベルを判断しています。ていねいな仕事ぶりや、キビキビとした動きの印象をお客さまに与えるためには、「あいよー」ではなく、「はい」と返事を返すべきです。

●言葉遣いが店の雰囲気を作る

相手が、従業員であってもお客さまであっても、返事は「はい」です。「あいよー」よりも、仕事の品質が高く感じられるからです。

お客さまは、商品と酒だけを楽しんでいるわけではありません。店主との会話をはじめ、店全体の雰囲気も楽しんでいるのです。

仕事の品質がより高く感じられる店のほうが、より楽しめる店となります。

●糊のきいたユニフォームも雰囲気づくりに欠かせない

またもうひとつ、店員の着ているものの印象も重要です。そこで、まずユニフォームを着ることです。個人店の場合、ふだん着で仕事をしている店が少なくありません。お客さまは、家で食事をしているわけではありません。仕事の帰りに、わざわざあなたの店に立ち寄っているのです。

調理人は調理着を、接客をする人も調理着や仕事用のユニフォームを着用しましょう。

そのほうが、居酒屋らしく演出されます。お客さまは、その店でお金を支払うのです。「店」らしく、お客さまをお迎えしてあげてください。

仕事着は、糊のきいたものを身につけてほしいものです。それによって清潔さ、仕事の品質、おいしさ感といった店の雰囲気が生まれてくるのです。

「はい」という返事が、仕事の質の高さを感じさせる
酒処
ハイッ

8 「おまけ商品」を活用しよう

東京で居酒屋などを経営する、ある会社の社長から聞いた話ですが、非常に参考になりました。

東京のあるピザ屋で、スタッフに注文をしたのですが、うまく注文できずに困ったそうです。メニューに単品の生ハムはあるものの、生ハムがトッピングされたピザメニューがなかったため、生ハムを単品で注文して、それをトッピングしたピザを注文しました。

しかしスタッフは、ピザのメニューにはないので、できないと断ったのです。それを不満に思ったその社長の気配を感じたのか、責任者がそのテーブルに来て、すぐにその注文を受けてくれたということでした。

大切なことは、その後の対応です。その責任者は、食事の途中で「レモンのお酒」を持ってきてくれて、「お口直しにどうぞ」とサービスをしてくれました。

しかも、食事が終った頃には「デザートワイン」までサービスされたとのことでした。その経営者は気分がすっかりよくなり、その店のファンになってしまいました。

経営者のような方でも「おまけ商品」で満足感が高まるのかと、そのサービスに感心させられました。

●お客さまの満足感を高める「おまけ商品」の使い方

(1)新メニューの味見……新しくメニューに加える商品を、「これは、来月からはじめる商品ですが、よろしければ味見をしていただけませんか」とお出しします。こうした「常連客扱い」は、お客さまの気分をよくするし、商売のヒントをいただくチャンスにもなります。

(2)いただき物のおすそ分け……常連のお客さまから、旅行や出張のおみやげをいただくこともありますが、それをお客さまにおすそ分けするのです。それによって、お客さまとのコミュニケーションが深まります。

(3)口直しのサービス……「口直し商品」を提供します。伝票に入店時間を記入し、入店後1時間など、時間の目安があってもいいでしょう。

(4)締めのサービス……最後の締めとして「おまけ商品」を出すのもよい方法です。私がよく利用する大阪の焼きとり屋では、二〜三度来店すると焼きおにぎりをサービスしてくれます。これらは、繁盛店が行なっている固定客化への大切な工夫です。

常連客のような扱いがお客さまの満足を高める

9 店主の商品説明がお値打ち感を2倍にする

ある酒蔵の社長から、こんな話を聞きました。ある居酒屋の店主が、その酒蔵を訪れて見学して帰ると、その店で、その酒蔵の酒の売上げが上がりだすそうです。

店で〝ただ、酒を売る〟というだけでなく、自分の足を使って見学に行った蔵元の酒は、あたかも自分が作ったような思い入れが加わるようです。

お客さまは、店主のそうした思い入れのある商品説明を聞くことによって、その商品がよりお値打ちであると感じられ、必ず注文するのです。

では、そうした思い入れをお客さまに伝えるためには、店主としては、どんなことに気をつけなければならないのでしょうか

●産地に足を運ぶ

群馬の「どんさん亭」の店長は、定期的に魚の産地を訪問しています。そして、取り扱っている魚を見せてもらったり、業者と産地のミーティングをすることで、仕入れ力を高めようとしています。また、より深い商品説明によって、お値打ちを作る努力もしています。

●仕込み方法を伝える

商品説明をするとき、商品の内容だけでなく、仕込み方法も伝えると、おいしさ感がお客さまに伝わります。

たとえば、3週間熟成したロース肉を使ったとか、だし汁に一昼夜漬け込んだなど、仕込み方法を説明します。

これによって、仕事のていねいさ商品のおいしさといった、「本物感」がお客さまに印象づけられるのです。

●一番のおすすめを伝える

お客さまから「何がおすすめですか」と聞かれたとき、「黒板に書かれているものがおすすめです」と言うだけでは、本当の意味での「おすすめ」にはなりません。

「お客さま、黒板に書いてあるものがおすすめですが、その中でも今日はマグロがいいですよ。脂がのっておいしいです」。このような商品説明に、お客さまは納得します。

店主自身の目や足でたしかめた内容や、自分自身の仕事内容をお客さまに伝える商品説明は、2倍のお値打ち感をお客さまに感じさせるのです。

自分の目や足でたしかめた内容説明を加えることで、2倍のお値打ち感が伝わる

10 「お見送り」は店主の心が伝わる最後のチャンス

群馬の居酒屋「どんさん亭」で、前年売上げが120%を超える店がありました。あまりにも売上げの調子がいいため、その店の店長にその理由を聞いてみたことがあります。

するとその店長は、「お見送りにはコツがあります」と言うのです。どうせお見送りをするのなら、再来店につながるようにしたいと考え、ユニークな方法を思いついたということでした。

それは、「ありがとうございました」と声をかけてお見送りをするのですが、お客さまが店内から出て2、3歩歩いた瞬間、「お客さま！」と呼びかけるのだそうです。

するとお客さまは、その声に振り向きますが、そのときに深々と頭を下げて「お気をつけておかえりください」と言うのです。

すると、お客さまは必ず笑顔で「ありがとう」と返してくださるとのことです。

呼び止めてふり向かせたことで、お客さまに強い印象を与えます。それは、非常によい印象であるということは言うまでもありません。

それが再来店につながっているのです。一回のお客さまを、一生のお客さまに変える、力のあるお見送りになっているようです。

●「心」を「形」にして見せる表現方法

(1)外までが無理なら玄関まで……仕事が忙しくて、とてもそこまで手が回らないという店主や、また人手が足りなくてそこまでのお見送りはできないと思われる方は、せめて玄関までお見送りするということでも、店主の心を伝えることができます。

(2)玄関までが無理ならレジ前まで……そのときの状況によっては、店主が手を離すことができないこともあります。しかしそんな場合でも、お客さまがレジでお会計をしている際、せめてその場所にまで足を運んで、感謝の言葉を伝えます。

遠くから大きな声をかけるだけでは、感謝の気持ちはお客さまには伝わりません。お客さまのすぐ隣にまで近づいて、声をかけるのです。そのお客さまに近づくという「わざわざの行動」が、感謝の表現として伝わるのです。

「一回のお客さまを、一生のお客さまに変える」店主自身のお見送り

頭を深々と下げた“お見送り”はお客さまに感謝の心を伝える

7章 売れて儲かるメニューブックを作れ！

お客さまに支持されるメニュー内容とその見せ方

1 一番商品は「右上部配置」が大原則

●メニューブックは「右上」が最重要ポジション

繁盛店のメニューブックでは、必ず「右上の位置」にその店の一番商品があります。これは、メニューマーケティングの原則に忠実だからです。

お客さまがメニューブックを見るとき、視線はメニューブックの右上から移動します（右側からはじまる場合）。そこを始点として、次のように視線が動きます。

①まず、右上からスタート、②次に、右側全体を軽く見ながら、③メニューブックの中央部に移る、④そして、左下部のほうへ、⑤左側全体を見るようにして、左側上部へ、⑥もう一度、中央部を中心に中央全体をながめ、⑦右下部へと視線を移します、⑧そして、右全体から最初の右上部へと進みます。

このように、お客さまの目は動きます。大切なことは、右上からスタートして、もう一度右上に戻るわけですから、その場所がもっとも重要なポジションになるということです。

●右上側に、一番商品と主力商品を配置する

お客さまはメニューの右上部に強い印象を持ちますから、その場所に一番商品を掲載します。

一番商品とは、その店の主力カテゴリー（海鮮居酒屋なら刺身）の中で、シズル感の演出が施された一品です。一番商品をまず最初に掲載し、その後に主力カテゴリーの品揃えを書き入れます。

●一番商品は大文字で表現

文字の大きさは、メニューブック上でもっとも多く使う文字を基本サイズとして、それよりもひと回り大きくした中文字、中文字よりひと回り大きな大文字、の三つの大きさを使用します。

最初に掲載する「一番商品」は、大文字で表示します。そして、主力カテゴリーの品揃えが、基本文字サイズで続きます。

主力カテゴリーの品揃え表示の中に2～3のおすすめを作り、それを中文字サイズで表示します。

繁盛店のメニューブックの基本は、主力カテゴリーと一番商品がお客さまの第一印象に残るかどうかということです。

品揃えの豊富さと他店との「違い」をアピールしたメニューブックの好例

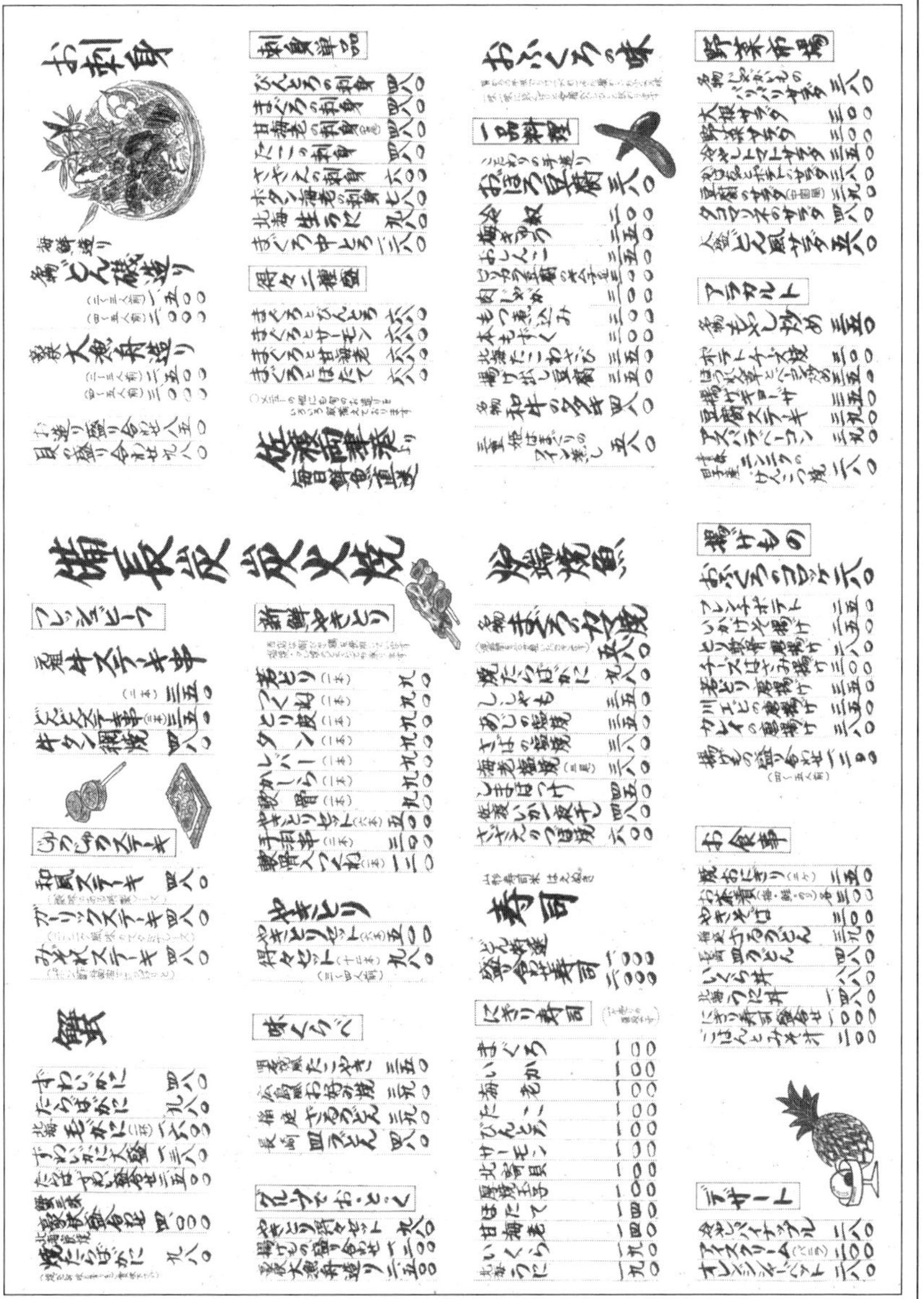

2 注文しやすいメニューブックが豊富な品揃えを演出

●中央部には、定番品揃えを配置

繁盛店では、メニューブックの右上部は、主力カテゴリーと一番商品で使い切ります。

お客さまの視線は、右上から中央部に移ります。この場所には居酒屋の定番商品を品揃えします。お客さまにとって定番商品は、なじみ性のある売れ筋商品であるため、品揃えの豊富感が演出できるのです。

主力商品の次に定番商品を配置することで、お客さまの安心感が生まれます。なじみ性の強い定番商品は、品揃えの豊富さを演出するために重要です。

●左下部は、食事品揃えを配置

次に、お客さまの視線が動く左下部には、おにぎりや雑炊など、食事性の強い商品を配置します。

食事メニューは、どちらかというと最後の締めとして注文する場合が多いですから、こうした配置によってお客さまは、主力商品、次に売れ筋の定番、そして食事商品というように、ひと目で全体を認識することができるのです。

つまり、①「右上部」＝主力カテゴリーと一番商品→第一印象の特化、②「中央部」＝定番品揃え→なじみ商品による品揃えの豊富感、③「左下部」＝食事商品品揃え→最後の締め型商品と、メニューブックを見るお客さまの自然な視線の動きで、基本的な三つの品揃えが確認できるわけですから、お客さまにとって、見やすくわかりやすいメニューブックとなります。

このように配置されていないメニューブックでは、お客さまの視線はグルグルと移動するだけで、なかなか注文が決まりません。

注文が決まりにくいメニューブックは、お客さまにとって品揃えが豊富に感じられないため印象に残らず、しかも、他店と差のない品揃えとして映ります。

このようにメニューブックに載った商品の位置によって、実際の品揃え品目数とお客さまに与える品揃えの印象は大きく異なってくるのです。

最初にこの商品を注文して、次にこれを注文するというように、注文の組み立てがしやすいメニューブックこそ、お客さまに品揃え豊富な印象を与えるのです。

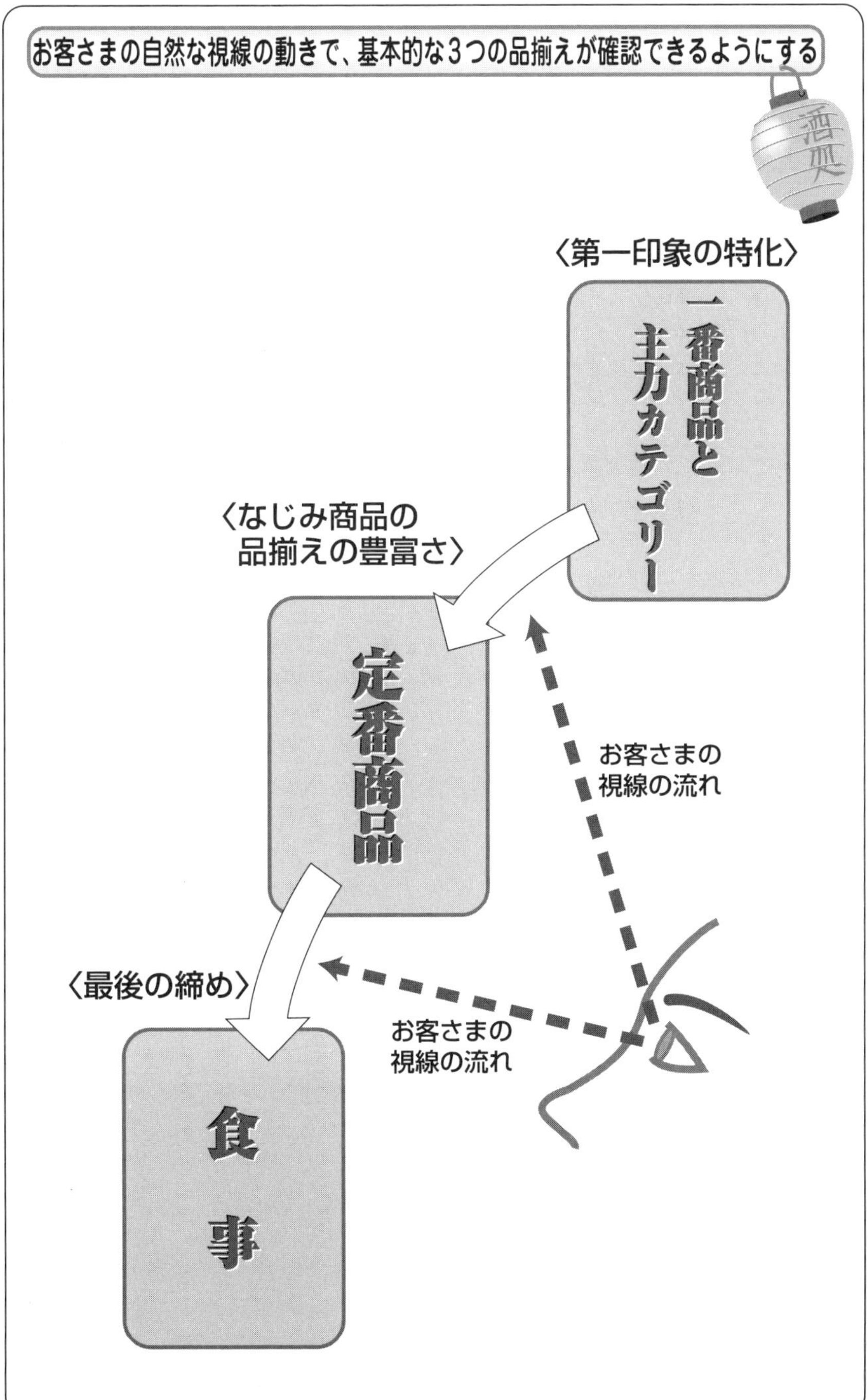
お客さまの自然な視線の動きで、基本的な3つの品揃えが確認できるようにする
酒処
〈第一印象の特化〉
一番商品と主力カテゴリー
〈なじみ商品の品揃えの豊富さ〉
定番商品
〈最後の締め〉
食事
お客さまの視線の流れ
お客さまの視線の流れ

3 注文商品が集中すれば繁盛する

どの商品も均等に売れるという居酒屋は繁盛しません。売れる商品が集中する店ほど繁盛するのです。メニューブックの表現方法によって、集中する商品を作ることが可能です。

メニュー文字は基本文字、中文字、大文字の3サイズで表記すると、前々項で述べました。これらをうまく使い分けることによって、注文が集中する商品を作り、一番商品や差別化商品を売れ筋メニューに育てるのです。

● 3文字サイズ表記で、注文が集中する商品を作れ

すべてのメニューの文字サイズが同じ場合、お客さまはなかなか注文を決めることができません。そこで、大・中・小の三つの文字サイズを上手に使って、メニューブックの表現を演出するのです。

①大文字〈一番商品〉小文字の3倍の大きさ―使用する商品は、一番商品1品だけ、②中文字〈印象づけ7品〉小文字の2倍程度―使用する商品は、各商品の調理分類から1品目ずつ程度で、全体で7品目を目安に、シズル感のある商品など、お値打ち感のあるもの、③小文字〈定番商品〉基本サイズ―この文字サイズが基本です。対象となるお客さまが十分に読める大きさにします。

● 主力カテゴリーメニューを作れ

神奈川の「オリエンタル」では、まぐろだけのメニューブックを作り、注文の集中化を図っています。香川の「浜海道」では、家族客に食事メニューを強くアピールするため、寿司メニューはカラー写真で、別メニューにしています。どちらの場合もお客さまの注文率は高く、人気商品になっています。

主力メニューを作ることによって、お客さまはより具体的に、その店の「強み」が印象づけられます。海鮮で強いというよりも、まぐろや寿司で強いというほうが、お客さまにはわかりやすいのです。

「3文字サイズ表記」と「主力カテゴリーメニュー」の二つの方法によって、お客さまの注文商品は「おすすめ＝強み商品」に、より集中します。

それによって仕事の効率が上がり、また主力商品の回転が高まって鮮度もよくなるのです。利益面と売上面の両方で大きな貢献をすることになるのです。

注文を集中させるためのメニューで、一番商品や差別化商品を売れ筋に育てよう

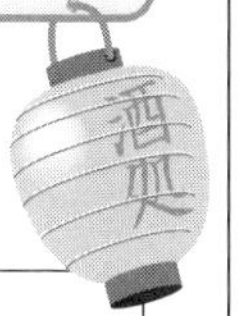

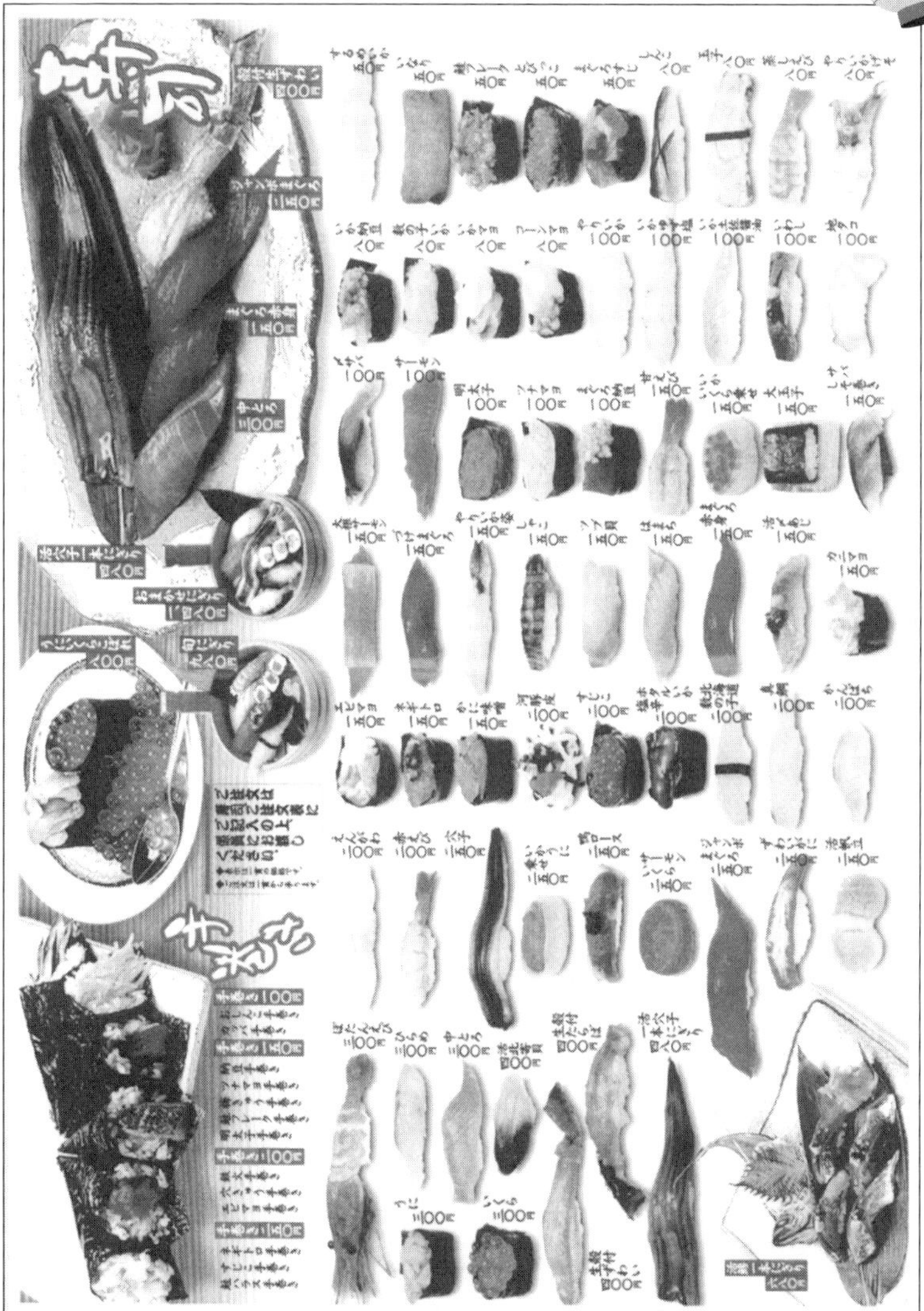

主力の寿司だけのメニューをつくり、注文率を高めている
—よいや・よいや・秋田

4 メニューブックでおいしさ感を演出するコツ

●「おいしさ感」の表現とは？

東京にある居酒屋「源や」は、メニュー変更によって、客数130％アップを達成しています。入口に炉を置き、その炉で備長炭を使って焼き上げる商品や、「北海道直送便」という産直商品を投入しました。それが人気を呼んで、客数増加につながったようです。

メニューブックは品揃えを書いたものですが、それだけが目的ではありません。「源や」のように、おいしさ感を演出することも重要な目的です。

●「おいしさ感」を演出する手法のいろいろ

(1)「**産地**」……商品名の上に「産地」を表示することで、食材の新鮮さが印象づけられます。その印象を強めるためには、商品名を黒字で、産地を赤字で表現します。

主力カテゴリーで7品目以上、全体で30品目以上の産地訴求によって効果が強まります。全品揃えでの「産地訴求30品目」が難しい場合、主力カテゴリーだけに絞り込んだ「産地訴求7品目」でも、おいしさ感の演出が可能です。

(2)「**産地カテゴリー**」……たとえば、北海道産だけの仕入れで7品目以上の品揃えができる場合は、北海道カテゴリーをメニューに作ります。「北海道より仕入れ」といったカテゴリーを設けます。そして各単品ごとに、小樽産、根室産というように表示します。

(3)「**本物調理**」……備長炭を使った焼き物などがある場合、その調理方法を表現します。(1)同様、商品名の上に表示する方法と、「備長炭火焼き」というようにカテゴリー表示する方法があります。

(4)「**仕込み方法**」……だしはどんな昆布を使って、どのような方法で作ったのか、基本調味料である塩や醤油の生産者や、その製造方法など、あなたの店での「仕込み方法」に関する内容を、メニューブック上で表示していくのです。

これら以外にも、「生」「活き」、「朝どれ」「朝じめ」、「名物」「名代」といった表現で、お客さまにおいしさ感を伝えることができます。

当然のことですが、テクニックのみの虚偽表示は絶対にしてはいけません。

あちこちに「おいしさ感」が漂うメニュー例

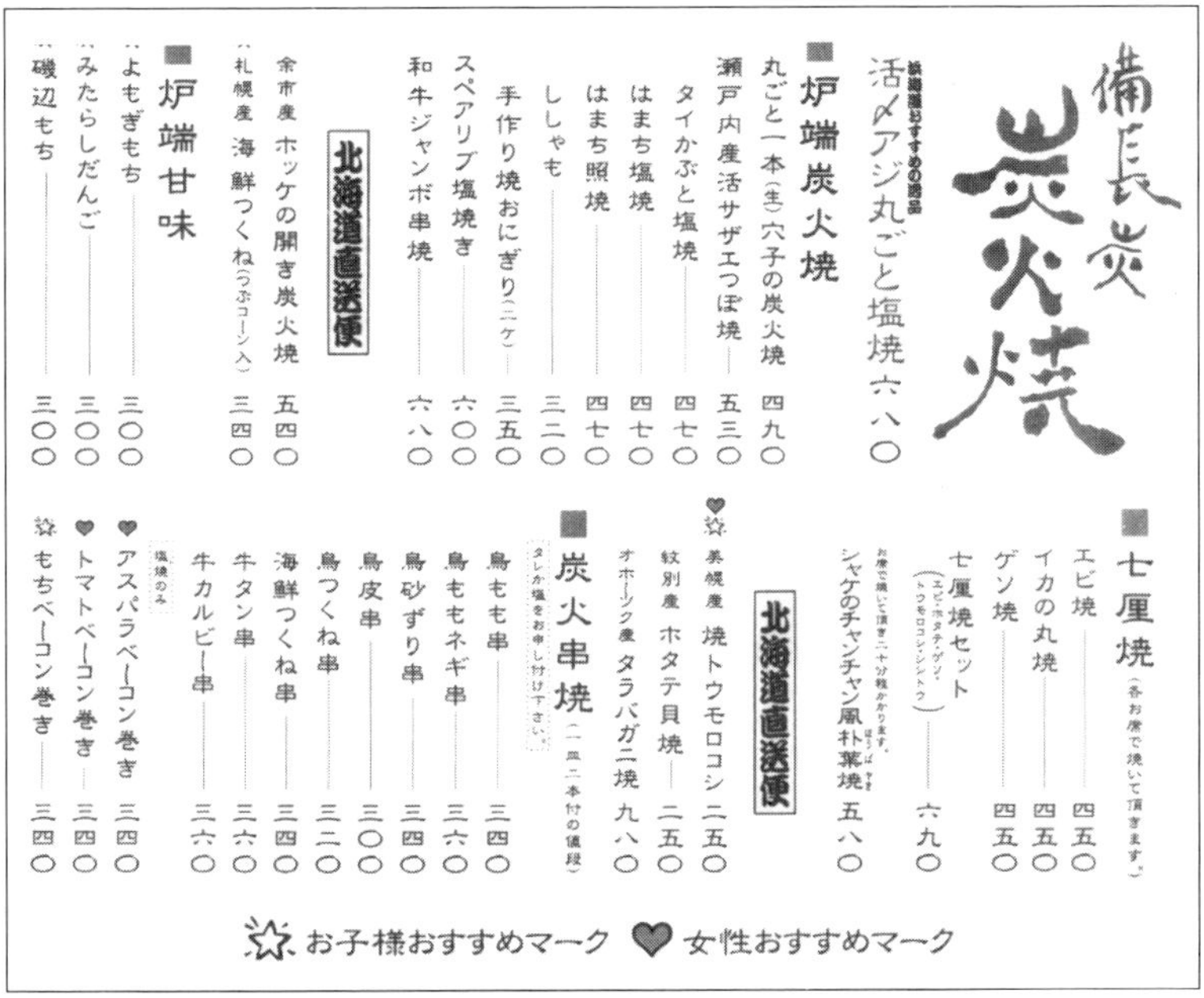

備長炭
炭火焼

浜海道おすすめの逸品
活〆アジ丸ごと塩焼　六八〇

■炉端炭火焼
丸ごと一本(生)穴子の炭火焼　四九〇
瀬戸内産活サザエつぼ焼　五三〇
タイかぶと塩焼　四七〇
はまち塩焼　四七〇
はまち照焼　四七〇
ししゃも　三二〇
手作り焼おにぎり(二ケ)　三五〇
スペアリブ塩焼き　六〇〇
和牛ジャンボ串焼　六八〇

北海道直送便
余市産　ホッケの開き炭火焼　五四〇
札幌産　海鮮つくね(つぶコーン入)　三四〇

■炉端甘味
よもぎもち　三〇〇
みたらしだんご　三〇〇
磯辺もち　三〇〇

■七厘焼（各お席で焼いて頂きます。）
エビ焼　四五〇
イカの丸焼　四五〇
ゲソ焼　四五〇
七厘焼セット（エビ・ホタテ・ゲソ・トウモロコシ・シシトウ）　六九〇
お席で焼いて頂き二十分程かかります。
シャケのチャンチャン風朴葉《ほうば》焼《やき》　五八〇

北海道直送便
♡☆美幌産　焼トウモロコシ　二五〇
紋別産　ホタテ貝焼　二五〇
オホーツク産　タラバガニ焼　九八〇

■炭火串焼（一皿二本付の値段）
タレか塩をお申し付け下さい。
鳥もも串　三四〇
鳥ももネギ串　三六〇
鳥砂ずり串　三四〇
鳥皮串　三〇〇
鳥つくね串　三二〇
海鮮つくね串　三四〇
牛タン串　三六〇
牛カルビー串　三六〇
塩焼のみ
♡アスパラベーコン巻き　三四〇
♡トマトベーコン巻き　三四〇
☆もちベーコン巻き　三四〇

☆お子様おすすめマーク　♡女性おすすめマーク

①北海道仕入れの「北海道直送便」、②「余市産」や「札幌産」などの産直訴求、③「備長炭」という本物調理などのメニュー表示が、お客さまのおいしさ感をつくり上げる―源や・東京

産地仕入れを強くアピールした内容がメニューに記載されている―浜海道・香川

5 「一目品揃え」がメニューブックの基本

●ブック形式は避ける

売上げが年々減少気味の店のメニューには、ある共通点があります。それは、ブック形式になっていることです。ページをめくりながらメニューを見るというものです。

何枚もの構成になったブック形式は、よい効果を上げることはできません。と言うのも、①全体の品揃えがわかりにくい、②そのため、品揃えが少なく感じる、③注文に時間がかかる、④そして、「もう、なんでもいい」といった気分になりやすい、といったように、マイナス面が強いからです。

メニューブックは見開き1枚で作り上げるのが原則です。ブック形式のものとは逆に、見開き1枚で構成されたメニューは、①全体の品揃えが常に「一目」で見られる、②そのため、主力カテゴリーや一番商品の印象が強まる、③「一目」で見られるため、品揃えが豊富に感じられる、というようにプラス面での効果が強くなります。

繁盛店のメニューは共通して、「一目品揃え」の見開きメニューとなっています。

その他の注意点としては、次のようなものがあります。

●カテゴリー別に囲みを作らない

メニューで、揚げ物や焼き物といったカテゴリーで囲みをつけているケースをよく見かけますが、これはよくありません。

たとえば、70品目の品揃えがあるとします。それを、七つのカテゴリー別に、囲みをつけて表示したとします。そうすると、70品目の品揃え感は消えてしまい、七つのグループの品揃えであり、グループは10品目の品揃えというように、少ない品揃えの集合としてお客さまの目に映ります。

その結果、お客さまには、何かもの足りないメニューとして印象づけられてしまうからです。

●右はじまりはタテ書き、左はじまりはヨコ書き

右はじまりのメニューはタテ書きで、右から左へと表示します。左はじまりのメニューはヨコ書きで、上から下へと表示します。

この表示方法が逆になると違和感が強くなり、結果的には、品揃えの豊富さを消すことになってしまいます。

豊富な品揃えを感じさせるメニューには「一目感」と「メリハリ」がある

メニューは、一目で見られるほうが品揃え感が豊富になる
―とれとれや・岡山

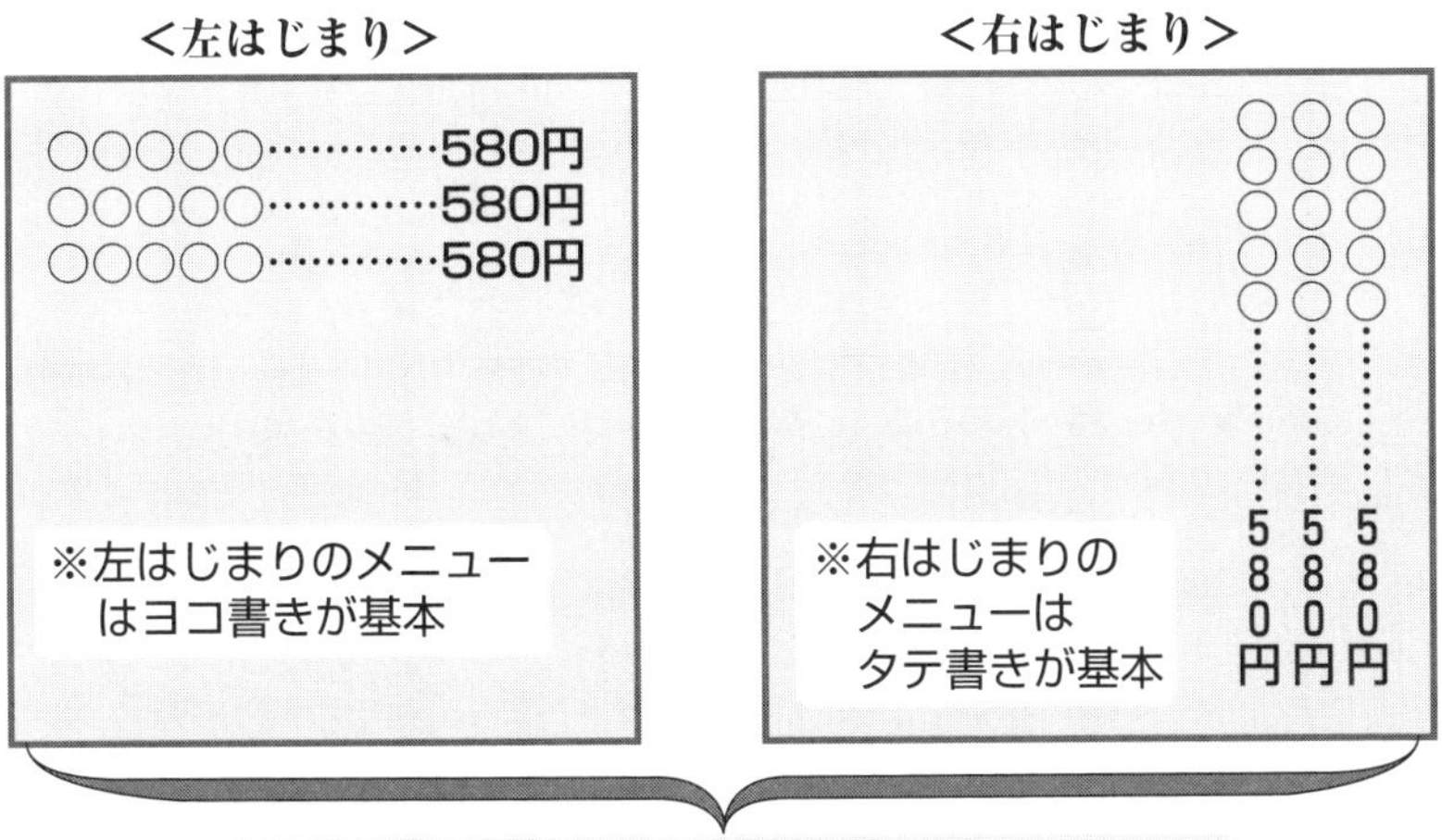

揚げ物といったカテゴリー別に囲みをつけないことが，
品揃え感を豊富にするコツ

6 メニューブックの表紙を活用しよう

●メニューブックの表紙は店の「顔」

札幌に「玉藤」というとんかつ屋があります。

8店舗ほどのローカルチェーンですが、新店舗では、既存店の営業方法を一新した店を作り、繁盛店づくりに成功しています。既存店はフライヤーを使用してとんかつを揚げていますが、新店では銅鍋を使って本物感に溢れた調理に挑戦しています。

しかも、オープンキッチンによる実演調理をお客さまに強くアピールしています。

とんかつのメニューも、しっかりと熟成させることで肉質を柔らかくしています。それによって、厚さが2・5㎝もあるような分厚い肉のとんかつになっています。

既存店にはない「銅鍋」と「熟成の厚切り」という、明確な強みを持つ新店では、その「他店との差別点」をメニューで表現することで、お客さまにアピールしています。

●表紙に持ってくる内容はいろいろ

たとえば、次のような内容を表紙でアピールします。

(1)「店の方針」を表現しよう

「サービスの方針」、「仕事の方針」、「商品の方針」などの店の方針を、メニューブックの表紙を活用して表現します。文章が長くなると「説教臭く」なってしまうため、ひと言程度の短い表現とします。あなた自身の手書きで表現すると、より心のこもったメニューブックになります。

(2)「主力カテゴリー」を強める表現をしよう

主力カテゴリーの食材を、産地や市場で仕入れている場面を写真に収めます。その写真を、メニューブックの表紙に貼りつけると、食材の本物感や新鮮さのイメージが高まります。生産者、産地、製造過程を写真に撮って利用してもいいでしょう。

(3)「旬」を表現しよう

黒板メニューに使う食材など、「旬」を感じさせる食材を写真にします。季節の移り変わりとともに、写真で食材変化を訴えかける方法もあります。

(4)「3パターン」で表現しよう

店のポリシーを表現する場合でも、全メニューを同じにせず、「3パターン」ほどの表紙を作成します。そうすることで、店の独自性がより伝わることになります。

単なる「お品書き」、「店名」では芸がない、メニューブックの表紙

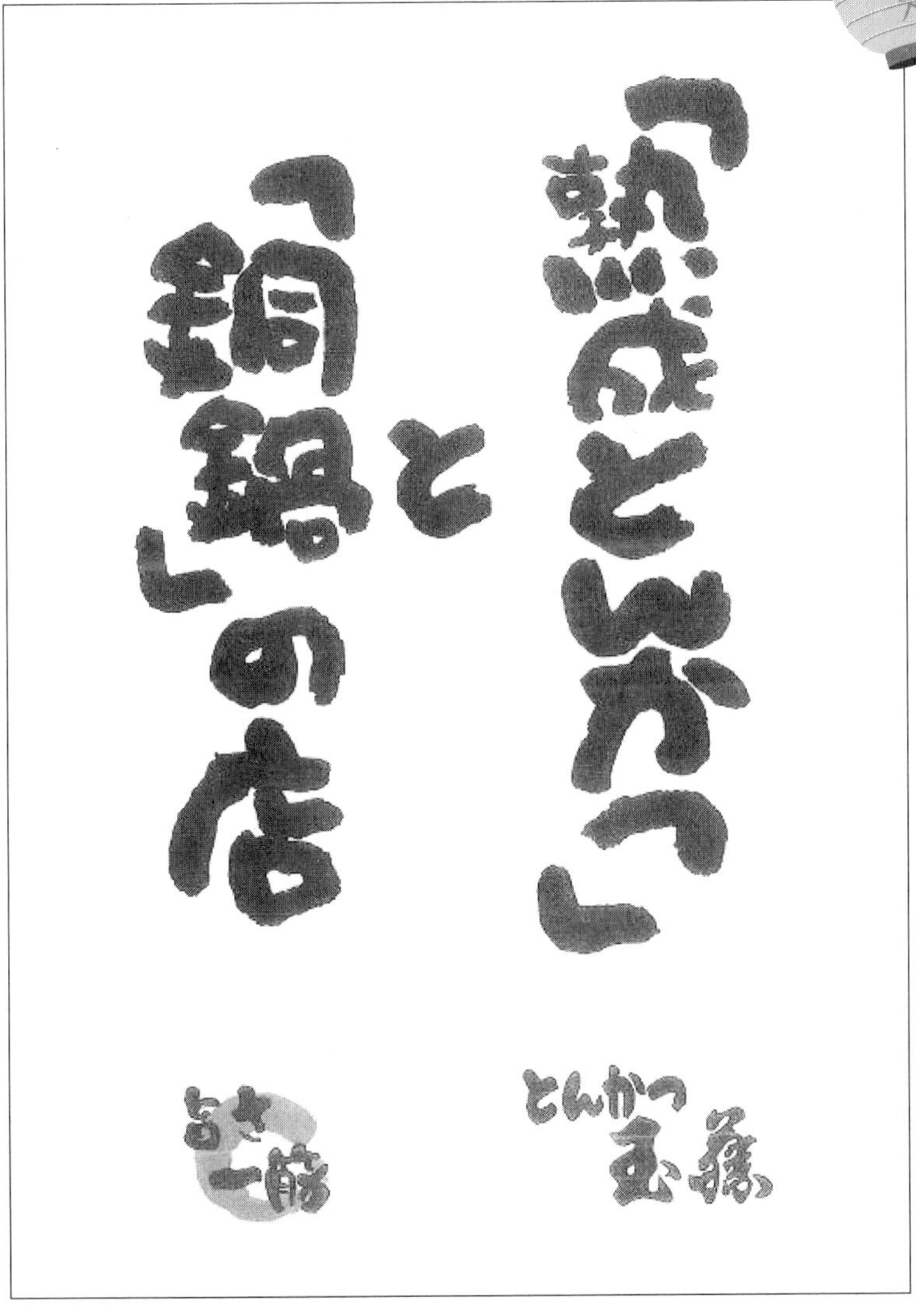

メニュー表紙で自社の強みである「銅鍋」と「熟成とんかつ」を訴求する

7 ストレートに「お値打ち」感を訴えよう

茨城に「とんQ」というとんかつ屋のチェーンがあります。その店で食事しているとき、「なるほど！」と思ったことがあります。

私は、季節商品の「かきフライ」を注文したのですが、ひと口食べると、その熱さに驚かされました。しかも、その商品は非常にジューシーで、思わず「おいしい！」というひと言が口をついて出ました。

おすすめの「鳥ごぼうの炊き込みご飯」もしっかりとした味つけがされていて、たいへん印象に残る商品でした。他のテーブルを見廻すと、やはり多くのテーブルにその2品がありました。

ということは、私が感じた「お値打ち感」は、それを注文した他のお客さまも感じたに違いないということです。

その商品は、注文時に従業員さんが持ってこられた黒板に書かれていました。従業員のていねいな説明とおすすめがあったので、私はその2品を注文したのです。

このように、黒板をうまく使うことによって、「お値打ち」を印象づけることができるのです。

●黒板活用のポイント

黒板を使って商品をアピールする場合のポイントとして、次のようなことが挙げられます。

(1)取り上げるのは主力カテゴリーの関連商品

お客さまが来店して最初に注文する商品が、店の一番商品を含む主力カテゴリーの商品群から選ばれるようにする、というのが繁盛のための大原則です。

そうなると、毎日変化する「黒板メニュー」は、主力カテゴリーと関連した商品でなければなりません。

(2)お値打ちとおいしさ感の演出

お客さまが、その黒板メニューから最初の注文をするわけですから、黒板に書かれた商品には、「お値打ち」と「おいしさ感」がなければなりません。そのためには、

①○月×日というように日付けを入れる
②ボリュームやシズル感を演出する
③産地・活などの表示
④お客さまが得した気分になるようなおいしさの表現

などが必要です。このように、黒板の活用ひとつで、お客さまの満足を高めることができるのです。

お客さまの目が行きやすい黒板や板などを利用した商品訴求

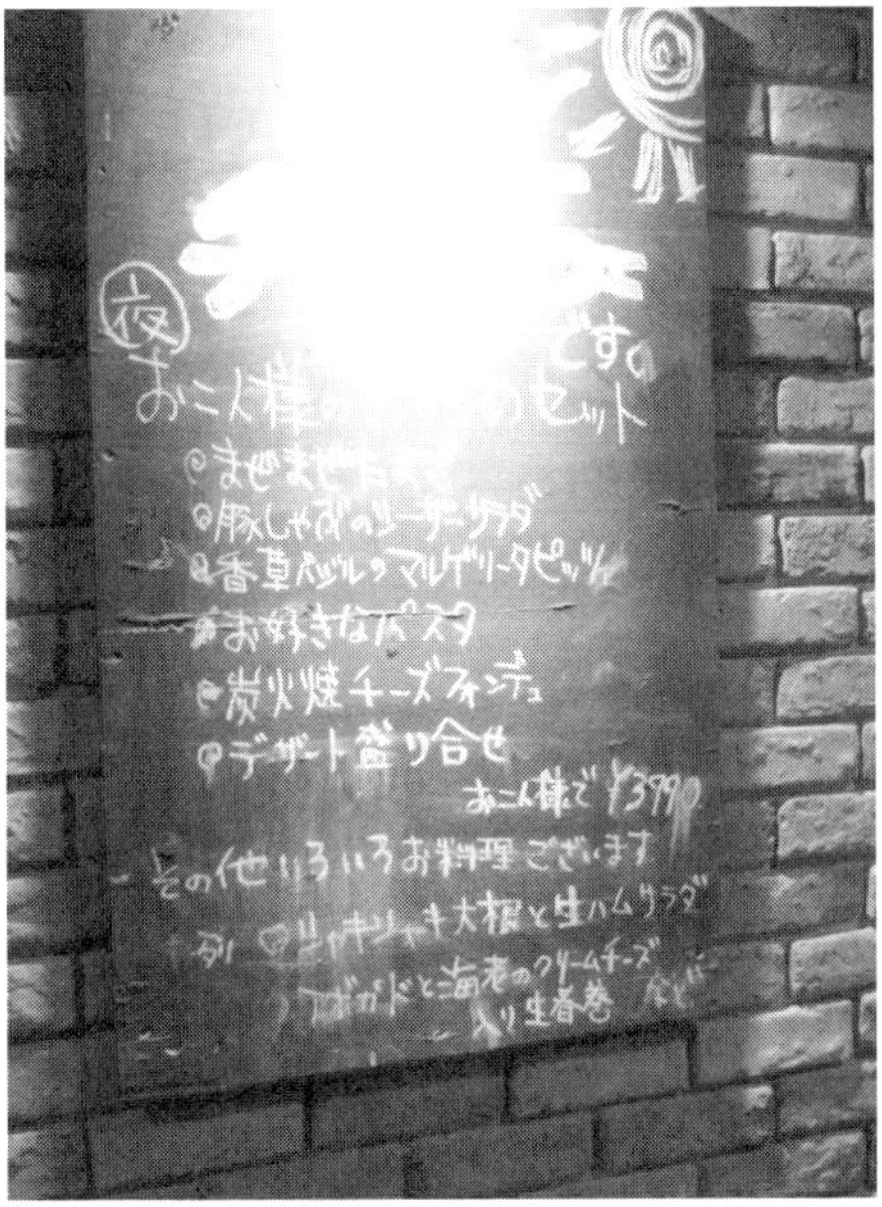

黒板を利用して自店の主力商品を説明しおすすめする

黒板を利用して自店の差別化ポイントである
“フルーツの産地と糖度”を訴求する

8 売れて儲かるメニューを作るためのメニュー分析

売上不振店でも、売上げは簡単に上げることができます。メニュー分析をすれば、各商品の対策が手にとるように把握できるのです。私は売上げ、利益活性化の依頼を受けた場合、まずメニュー分析を実施しています。

●メニュー分析のやり方

まず、①販売数量の平均を基準に、平均より多い商品と少ない商品に分け、次に、②棚卸しによる減価率を基準に、それより高い原価率の商品と低い商品に分けます。

そうすると、左図のように四つの商品分類ができます。

A商品＝貢献商品。この商品の販売数量と原価率が、自店の目標となります。

B商品＝集客貢献型商品。明らかに集客貢献している商品以外は、仕入れ、盛り付けの変更による原価率の見直しを図ります。

C商品＝課題商品。シズル感の付加、味付けや盛り付けの変更を実施すべき商品群。

D商品＝ダメ商品。新商品に変更し、切り捨てます。

このように四つの特性に分けて、その対策を考えます。

●6ヶ月に一度は実施し、分析表は3年は使い続ける

メニュー分析は、6ヶ月に一度は実施しましょう。そうすることによって、季節の売れ筋や材料費などの変化を把握することができます。2～3ヶ月ぐらいの短期間で、メニュー分析が実施できれば理想的かもしれませんが、作業量から考えると非現実的です。

実際、私のお付き合い先の居酒屋では、半年に一度、このメニュー分析を実施し、次の6ヶ月間の商品対策を立てています。

最初に作った「メニュー分析表」で使った平均販売数量と平均原価率の数値は、3年間は変えないで使用します。原価率、販売数量の基準を変えないで使用することによって、D型、C型商品がどれくらい少なくなったか、またB型、A型商品は増加しているかといった3年間の推移がわかります。

店主として3年間努力した結果が、この表に明確に表われてきます。

これは、より確実に利益高を伸ばすためにも必要なので、ぜひ挑戦してください。

自店で扱っている商品の実態を正確につかもう！

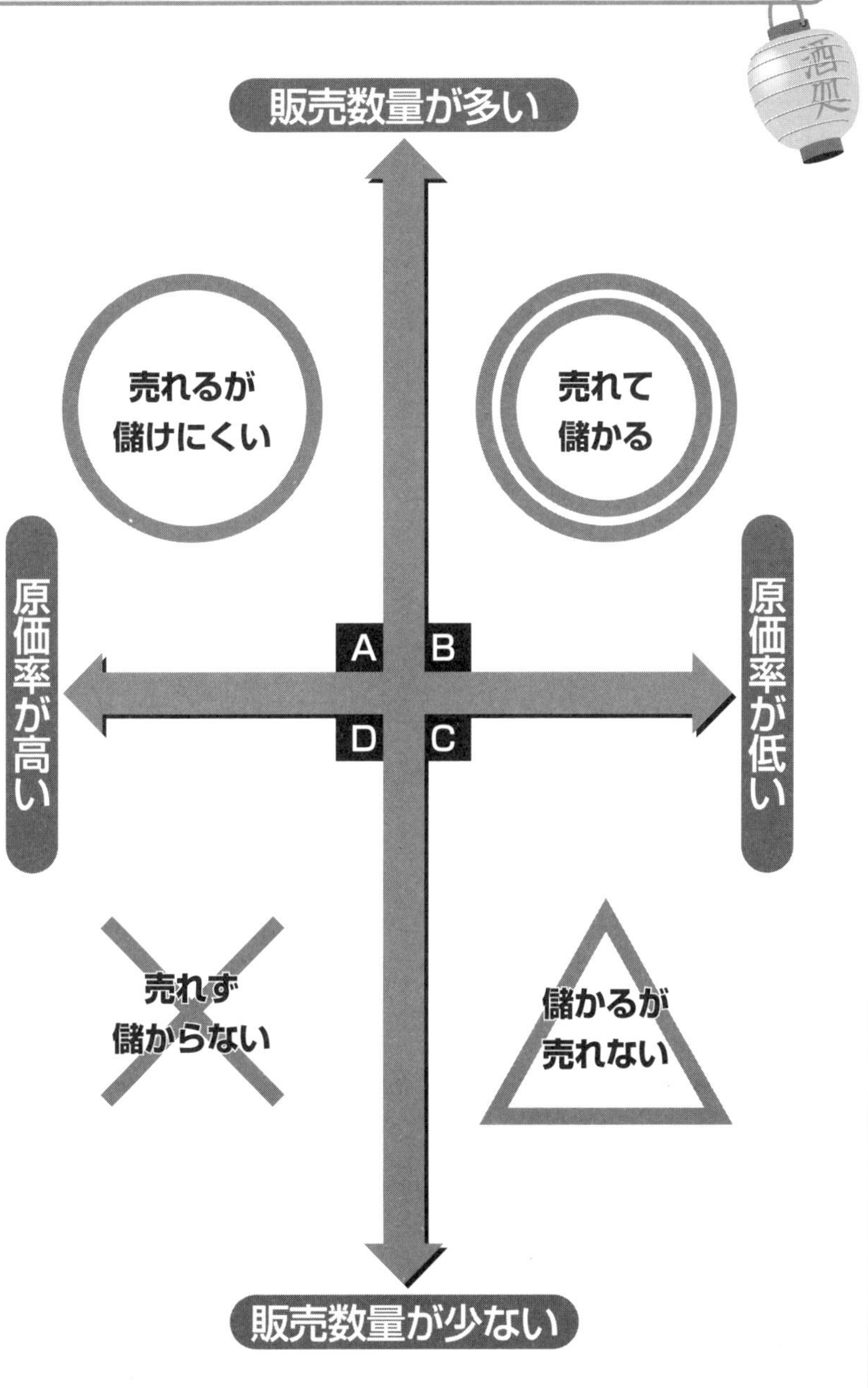

9 品揃えと客単価は一致しているか

私の経験から言うと、売上不振店は、品揃えの価格と、そこから予想されるお客さまの客単価の予算とがうまくマッチしていません。

居酒屋では、一番多く品揃えされている価格の6倍が一般客の客単価（宴会客を除く）となります。しかし、売上不振店の客単価は、6倍よりも低いのです。

メニュー分析を活用してそうした実態をつかみ、これを修正することによって、意外と簡単に売上げは回復しはじめます。

●自店の価格品揃えを把握しよう

左ページにある「品揃え表」を使って、あなたの店の価格から見た品揃えを把握してください。

この表では、料理とアルコールは分けて、別の表にします。タテ軸が品目数、ヨコ軸が価格帯です。

ここから、一番品目数の多い価格帯を発見します。そして、その価格帯の6倍が、現実の客単価と一致するかどうかを見ます。

品揃え中心価格を6倍した計算客単価が、実質の客単価とかけ離れている場合は、一番中心になる価格帯の品揃えに問題があります。

一番商品や主力商品が、その中心価格帯に品揃えが少ないことが原因です。そのままの状態が続くと、客数が減少していきます。

●価格帯別販売数量の把握

次に、1ヶ月分の販売数量を、価格帯別に集計します。そして、その数字のグラフを「品揃え表」に載せてみます。

二つのグラフの形は、同一にならなければなりません。一番品揃えされている価格帯の販売数量が、最多販売数量となるはずだからです。

この二つのグラフの形が違っている場合は問題です。お客さまのニーズと品揃えが一致していないのです。二つのグラフがよく似た形になるように、品揃えの変更をする必要があります。

この場合も、この状態のままにしておくと、お客さまは、「この店は品揃えが悪い」と判断するようになります。そして、客数減という結果を起こします。

メニュー分析の手法を活用して価格と品揃えを検討する

PI分析＆店舗別商品販売出数分析

店舗比較

—■—					5	1	18△	27◎	7	21○	8	12	1	1	2	1			104
	構成比（%）				4.8%	1.0%	17.3%	26.0%	6.7%	20.2%	7.7%	11.5%	1.0%	1.0%	1.9%	1.0%			
（向かって左より）					102	243	1426	1588	549	2894	641	702	22	47	18				
	1商品当りの販売数				20	243	79	59	78	138	80	59	22	47	9	0			
					186	264	1373	1806	619	3408	805	923	33	40	46	10			
	1商品当りの販売数				37	264	76	67	88	162	101	77	33	40	23	10			
					76	373	1416	1897	586	3018	848	1002	43	110	41	12			
	1商品当りの販売数				15	373	79	70	84	144	106	84	43	110	21	12			
					57	204	1017	1353	532	2483	674	681	15	30	58				
	1商品当りの販売数				11	204	57	50	76	118	84	57	15	30	29	0			
					55	186	1100	1322	468	2473	588	751	23	10	30				
	1商品当りの販売数				11	186	61	49	67	118	74	63	23	10	15	0			
					119	176	1414	1892	803	3214	664	808	26	65	70	15			
	1商品当りの販売数				24	176	79	70	115	153	83	67	26	65	35	15			

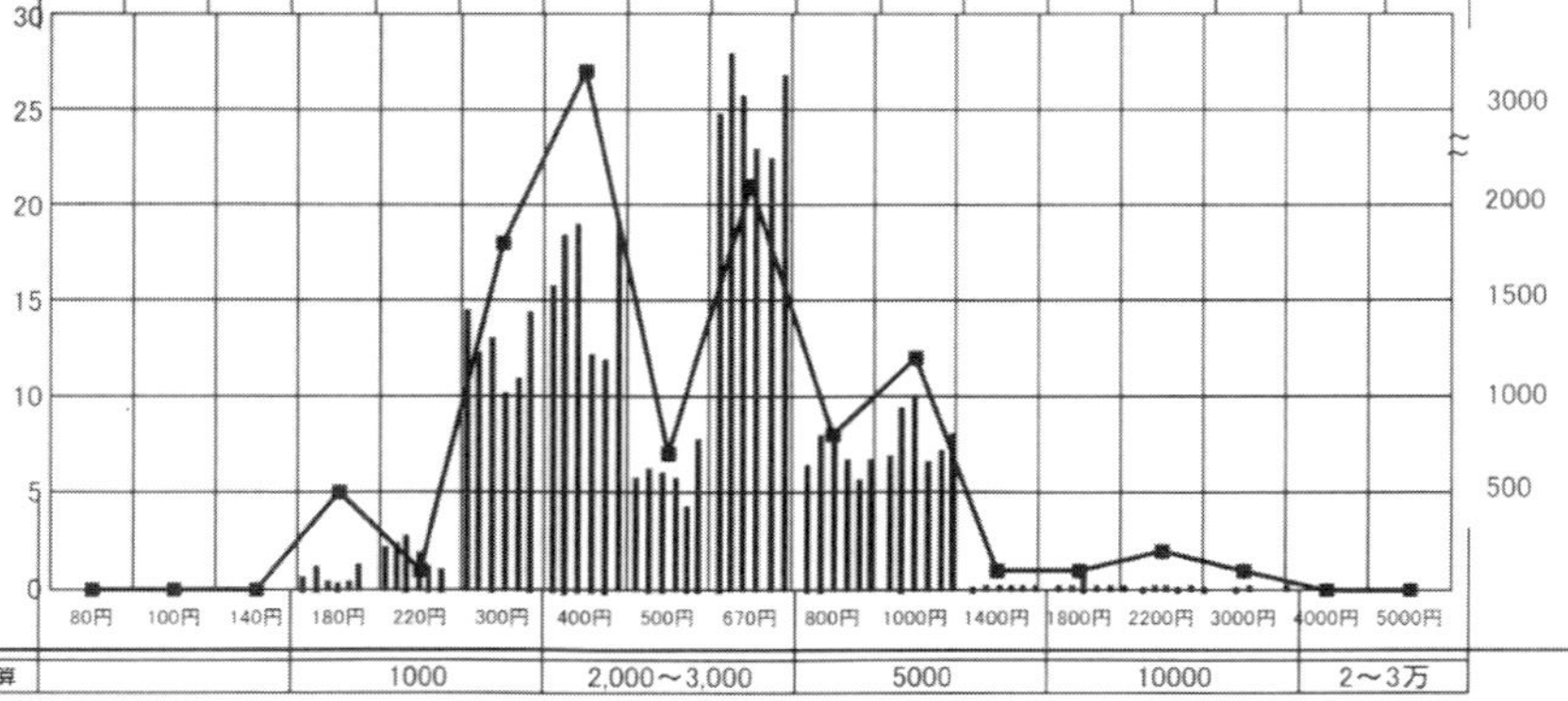

10 メニューブックにお金をかける必要はない

店の内装やコンセプトに合わせたメニューブックを作りたいものです。メニューの中身も、写真を掲載してわかりやすいメニューを作りたいという気になります。

しかし、繁盛店のメニューを見ると、写真入りメニューでないことのほうが多いようです。つまり、メニューにあまりお金をかけていないのです。

●メニューは生きもの

メニューは生きものです。お客さまに、店の狙い通りに注文していただけなかったり、売れ行きの悪い商品が生まれるのも当たり前です。食材ロスが多く出て原価がかかりすぎるため、売価を引き上げることになるかもしれません。しかし、常に素早い対策が要求されます。

メニューブックにお金をかけてしまうと、その対策が遅れやすくなるのです。お金をかけてしまったため、なかなかメニュー変更ができず、結果的に売上げのチャンスロスとなってしまうのです。

●写真は避けたほうがよい

メニューを写真入りで作ると見やすいし、おいしさも演出されます。しかしコストも大きくなるし、作成日数もかかります。そのため、前述したようにお客さま対策の動きが鈍くなってしまいます。

大手企業のように、商品分析や商品開発がしっかりしたところでは、そのようなメニューでよいかもしれません。

しかし小さな居酒屋は、お客さまに密着して柔軟な動きがとれることが強みです。その強みを、より発揮するためには、写真入りメニューは適切とは言えません。

●なじみのある商品名で、写真は必要なくなる

写真掲載したメニューは、一度作成してしまうと次に文字だけのメニューには変更しづらくなります。必ず、お客さまから見づらいという声があがるからです。

しかし文字メニューでも、商品名をわかりやすくなじみのある名前をつけると、お客さまは商品をイメージすることができます。

メニューを作るときには、文字メニューにすることです。そして、お客さまの好みや仕入価格の変更に即座に対応できるようにするのです。

小さな居酒屋は、それが強みなのです。

メニューにも「鮮度」が求められる。店の方針を素早く取り入れることが大切

文字だけのメニューでも、十分にお客さまによい印象が与えられる

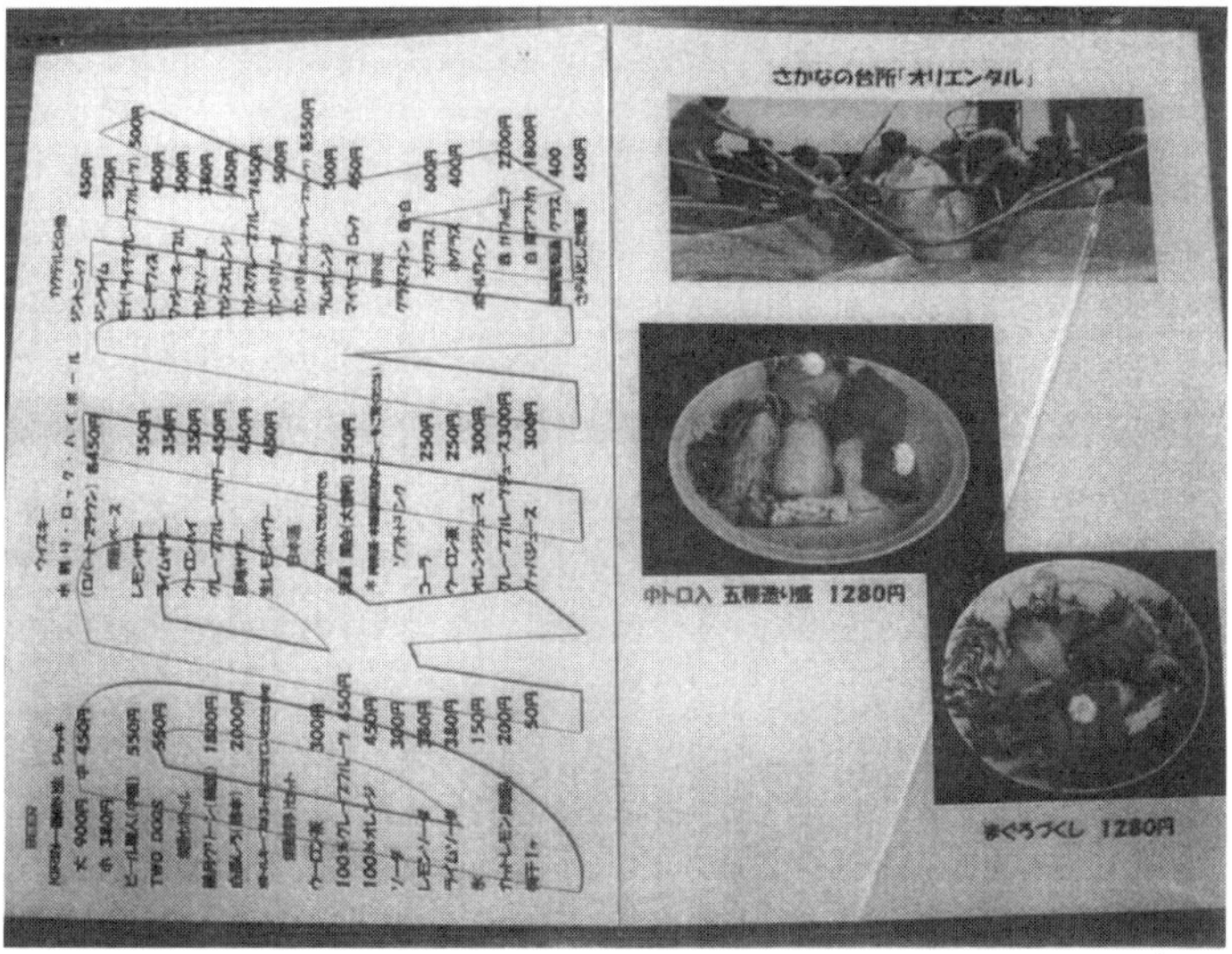

デジタルカメラを使えば、自分たちの手で写真入りメニューが作れる

8章 必ず成功するための販売促進策あれこれ

日常のちょっとした工夫が
大きな違いを生み出す

1 「ご試食会」を実施しよう

埼玉に「車屋本店」という居酒屋があります。焼きとりを中心に品揃えしたこの店は、初めての居酒屋業態での開店でした。

店長は、他の焼きとり居酒屋で働いた経験はあるものの、不安のある開店だったようです。そこで、業者や従業員の家族や知り合いを中心に、無料の「ご試食会」を実施しました。

60人ほどが入れる店ですが、それらの方々に集まっていただいて試食会の練習をしたのです。それによって、本番の開店時は思ったよりうまくいったようで売上げは予想を大きく上回ったとのことです。

しかし開店時には、お客さまが注文した商品を忘れたり、調理に30分以上もかかるということは、ざらに起こると考えたほうがいいでしょう。

だからこそ、一般のお客さまのように注文していただく営業練習は必須なのです。そのための方法として、「お客さまご試食会」という方法があります。

●「お客さまご試食会」のすすめ方

「お客さまご試食会」は、チラシやDMを利用して告知して参加者を募集します。往復ハガキで、申し込んでいただくのもよいでしょう。

当選者には、返信ハガキで日時をお知らせするとともに、そのハガキを「(予定の)客単価分の無料券」とします。また、抽選からもれた方には返信ハガキで連絡し、そのハガキを割引券扱いにします。割引率は30〜50%で、有効期間は開店1週間後から開店1ヶ月までとします。

「ご試食会」は営業の練習をするわけですから、最低でも3〜4日間は必要と考えたほうがいいでしょう。

そして参加したお客さまには、必ずお礼状を書きます。これは、店主自身が手書きで書いてください。

ご試食会に来店したお客さまは、必ずと言っていいほど開店後も来店されます。したがって、「ご試食会」は大きな出費にはなりますが、二度来店ということを考えると赤字になることはありません。

店の開店は一度だけです。その開店で失敗せず、しかも開店前に固定客候補が作れるのです。

ご試食会の実施が、繁盛店づくりへの第一歩なのです。

開店でつまずいてしまっては元も子もない。慎重な対処が必要

開店前に無料のご招待会を実施することで開店後、順調な売上げを作ることができる

2 開店日の来店を促す開店前告知が大切

●一番大切なのは開店日のにぎわい

開店準備に入ると、頭の中はその準備のことでいっぱいになり、いろいろなことを十分に考える余裕がなくなります。

しかし一番大切なことは、開店日にお客さまが来店するかどうか、ということではないでしょうか。

開店そうそう、お客さまがまばらな状態では、とても不安になります。できれば、混雑状態にならない程度に、店内がにぎわうくらいのお客さまには来店していただきたいものです。

●開店前告知を実施する際のポイント

そのための準備として、開店前の告知が必要ですが、その際、次のような点に注意してください。

(1)工事期間すべてが、販売促進の日……店舗の工事がはじまると、その前を通るお客さまはどんな店ができるのか興味を持ちます。工事期間すべてが、販売促進の実施日のようなものです。興味を持たないお客さまにまでも、アピールできるような告知が必要です。

(2)玄関、間口いっぱいの看板を作ろう……ベニヤ板仕上げぐらいの、低コストの捨て看板でよいのです。よく目立つように、玄関いっぱいの大きさで設置します。

この看板に、①店名、②主力商品の品揃えと予定価格、③差別化のポイント（産直・本物調理など）、④営業時間と電話番号、代表者名、⑤開店予定日、を記入して掲示します。

今までのケースでは、気の早いお客さまはその看板を見て、電話で営業内容の確認をした後に予約を入れたりします。看板には、それほどの効果があるのです。

(3)大切なのは、主力商品と差別化ポイント……主力商品と差別化ポイントの告知が、もっとも重要です。営業開始後も、集客の基本は主力商品とその差別化ポイントになるわけですから、その内容を明確にアピールしなければなりません。

(4)開店3日前告知……開店3日前には、看板の内容を変えます。開店日を、看板の3分の2以上使って、大きく告知します。そのことで、より強い興味を持たせることになります。

大きな看板を作り、工事期間中もアピールできるようにする

3 開店1ヶ月目、最高売上げを作ろう

開店後1ヶ月が過ぎると、営業はかなりスムーズに行なえるようになってきます。作業の手際もよくなり、商品提供のスピードもかなり速くなります。その開店1ヶ月目あたりに最高売上げを作るのが、真の「成功」へつなげるためのポイントとなります。

そのためには、次のようにチラシやDMをうまく使うことが大切です。

●3週連続チラシ投入

配布予定チラシやDMを三つに分けます。そして、配布する場所も三つに分けて、週末前の木曜日ごとに、3週間に分けて配布します。第1回のチラシ配布は、開店後2週間目です。

このように3週間に分けて、毎週連続的にチラシを配布します。一度に配布すると、店がパニック状態になるだけですから、3週に分けるのです。

このように、「3週間連続チラシの投入」を行なうと、開店後1ヶ月目に最高売上げを作ることができます。今までのケースでは、一気に開店日売上げの3倍ぐらいの売上げになったこともあります。この日を境に、同じ売上げでも仕事は楽になりはじめます。

●最高売上げの3ヶ月後が、次のピーク

このように、開店から1ヶ月目に最高売上げが作れた店は、さらに次のピークが来ます。それは、最高売上げの3～4ヶ月目です。

今までの経験から言うと、開店1ヶ月目に作った最高売上げの1・2～1・3倍の売上げです。この売上げが、この店にとっての年間最高売上げとなります。

●チラシは、席数の200倍が目安

前述したような販売促進に必要なチラシ枚数は、その店の売上目標や商圏の範囲によって異なりますが、その目安は、「席数×200＝必要チラシ数」と考えてください。

たとえば15席の店なら、「15席×200＝3000枚」は配布しないと、売上効果はありません。

またDMの場合は、「席数×20＝必要DM数」を参考に作成してください。15席の店なら、300枚がDMの必要枚数となります。

意識して最高売上げを作ることが、真の「成功」につながる

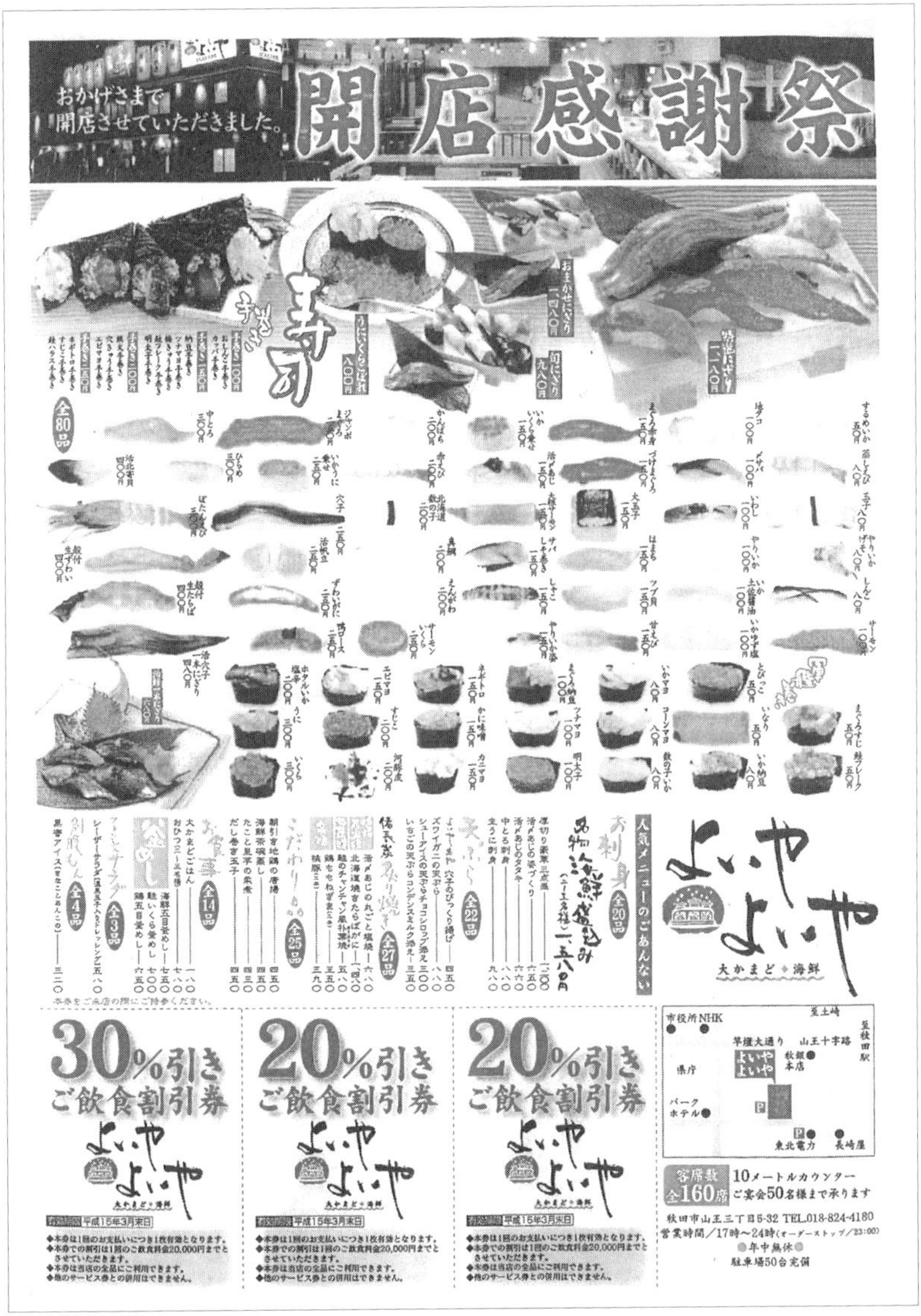

1ヶ月後の「開店祭」で、年間最高売上げに挑戦する

4 主力カテゴリーで一番になろう

●ひとつのポイントで勝利するという戦略

海鮮居酒屋「浜海道」では、2～3ヶ月ごと（年4～5回）に販売促進を実施していますが、その内容はすべて「海鮮祭り」です。

うなぎを中心とした「夏の海鮮スタミナ祭」や「北海道祭」というように、海鮮の産直品を中心とした企画を実施しています。

年間1坪当たり300万円以上を売り上げる繁盛店が、毎年売上げを伸ばしている秘訣は、このあたりにあるようです。

小が大に勝つためには、全力で勝つのではなく、小さなひとつのポイントだけで勝てばよいのです。

たとえば、「浜海道」のように、「海鮮」という主力カテゴリーで一番になるようにすればいいのです。「浜海道」から10キロほど離れたところに繁盛店の海鮮居酒屋がありましたが、「浜海道」が海鮮での一番化をすすめた結果、その店は閉店してしまいました。

●主力カテゴリーで一番を狙うには

あなたの店も、主力カテゴリーで一番にならなければなりません。主力カテゴリーの代表となるのが一番商品です。

したがって販売促進は、主力カテゴリーと一番商品を対象に行なうことになります。

チラシでは、一番商品や主力カテゴリーの強みをお客さまに訴求します。

たとえば、①産地性、②品揃えの豊富さ、③具だくさん、ボリューム感、④調理方法の本物性、⑤仕込食材や方法の本物性など、これらの「小さな焦点」を、はっきりとチラシの中で表現します。

販売促進は、この「小さな焦点」がズレてはいけません。徹底します。

たとえば、主力カテゴリーが海鮮で、「小さな焦点」が産地直送なら、「北海道直送祭」（北海道直送の海鮮食材で30品目を品揃えした祭を実施）といった方法で、「瀬戸内海直送祭」、「黒潮祭」というように、年4～6回、チラシを配布します。これが、主力カテゴリーで一番になるコツです。

「小」が「大」に勝つには、全体ではなくひとつのポイントで一番になること

より小さなポイントで一番になる

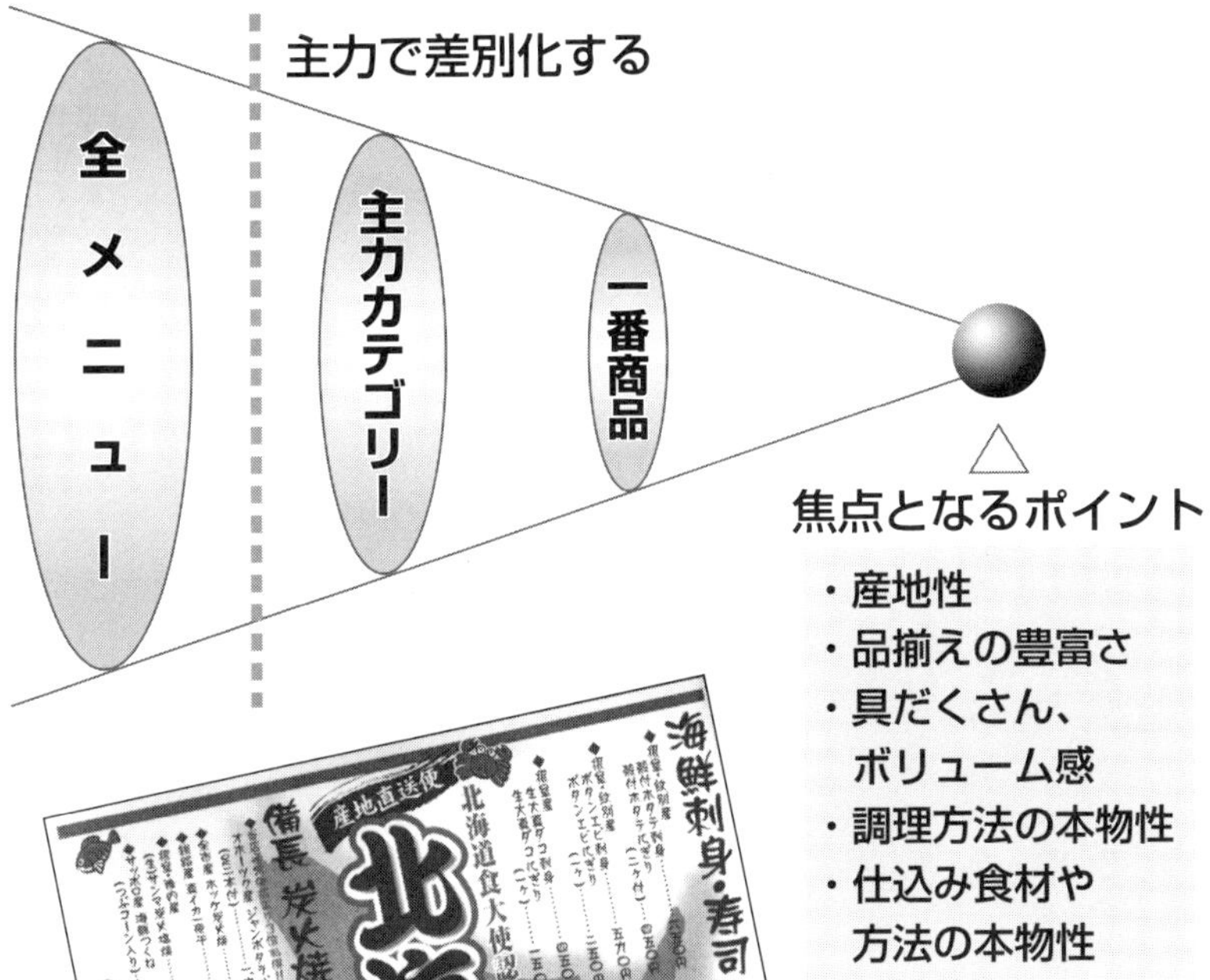

5 必ず繁盛に導くチラシの作り方

●店の強みを訴えるのが主眼

「こんなチラシはダメです。デザインより、特典や店の強みをズバリお客さまに伝えるチラシでなければ、配布する意味がありません」。こんな会話を、いつもお付き合い先との打ち合せのときにしています。

その「強さ」を、さらに強くお客さまに印象づけるチラシは、次のように作成します。

●チラシづくりのポイントは

(1)タイトルが大切……チラシでは、一番最初にタイトルを入れるようにしますが、そのタイトルは、主力カテゴリーの「強み」をイメージできるような内容にします。

(2)地図は、お客さまの立場で表現……店の場所がよくわからないようでは、チラシを配布する意味がありません。だれにでもわかる目印となるポイントから、地図を作ります。

競合店がわかりやすい場合は、地図に競合店の位置を入れるぐらいのわかりやすさが必要です。

(3)一番商品は、大きく表現……主力カテゴリーの代表である一番商品は、最大限の大きさで取り扱うようにします。チラシの50%を、一番商品とその強みの説明に使用するとよいでしょう。

(4)主力カテゴリーは品揃え量を表現……主力カテゴリーの商品は、チラシ全体の15~20%を使います。必要なのは、品揃えの豊富さです。全品揃えを掲載します。

(5)特典は、集客の基本……特典内容は、お客さまがひと目でわかる程度の大きさにします。その目安は、チラシ全体の15~20%の大きさです。

また、特典の目安は次のように考えてください。①不振店活性化=金券による全額払い戻し特典、②開店○周年記念=20%割引・4日間、③競合店対策=30%、20%、15%の割引券3枚・有効期間2ヶ月、④一番店の季節祭=割引特典はつけない。

チラシによる販売促進は、売上低下のときに実施する対策と考えるのではなく、自店の主力カテゴリーで一番店になるために行なうものです。

お客さまに「店の強み=主力」を強く印象づけるために、繰り返し実施すると考えてください。

店の「強み」を前面に打ち出したチラシ

6 毎日の口コミが大切！ショップカードを作ろう

●お客さまの口コミを促す

居酒屋で、オリジナルマッチを販促物として作成することはなくなりました。使い捨ての100円ライターが普及したためです。

それに代わって、ショップカードを置く店が増えています。

焼きとり屋「伝兵衛」でも、ショップカードを店内に設置していますが、カードのなくなり具合は非常に速く、なじみ客の口コミに使われています。

ショップカードで、お客さまが口コミできるような内容にするためのポイントは次のようになります。

●有効なショップカードにするには

(1)毎日の口コミが大切……お客さまが口コミするときには、自分が強く感じた印象から説明します。そんなときにその役割をはたしてくれるのが、ショップカードです。

ショップカードは、その口コミ内容が書かれていなくてはなりません。店の「強み」を三つのポイントにまとめて表現しましょう。

(2)何屋なのかがわかる……ショップカードでは、居酒屋とは書きません。お客さまが商品をイメージできるぐらいの、具体的な「何屋」であるかの表示が必要です。たとえば、「海鮮と炉端」、「炭火焼きとりとかまどめし」、「ごはんや」といったように、「何屋」＝どんな店であるかを店名の前に入れます。

(3)すぐに場所がわかる……ショップカードを見ながら、その店に行っても迷うくらいの曖昧な地図では、役に立ちません。そのカードで、待ち合わせをする方もいるでしょう。地図は、デザイン性よりも正確性とわかりやすさを重視します。

(4)店名が読める……カードをもらった人から店名を聞いても、覚えているとはかぎりません。店名が難しい漢字や外国語で書かれていると読めないこともあるでしょう。店名にルビを振るくらいでなければ、ショップカードの意味をなしません。大きさは名刺サイズです。

今後、ショップカードの役割は、ますます大きくなっていくことと思われます。

店のこだわりを伝える「ショップカード」の役割は高まるばかり

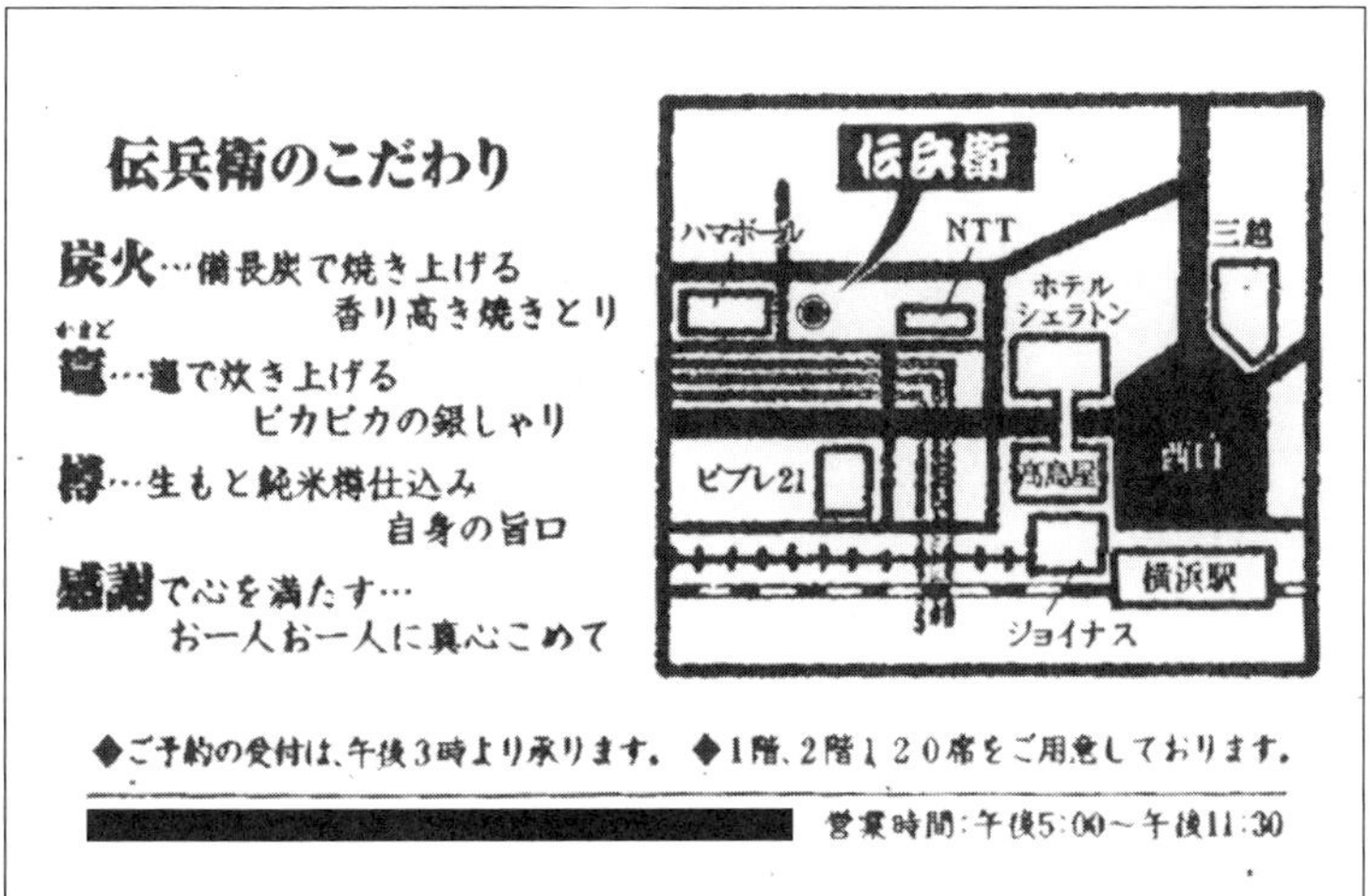

ショップカードは名刺サイズで、差別化ポイントを上手に伝えよう

7 開店1年、オープン月売上げを超えよう

●商売は1年で終わるものではない

東京・日本橋にある、とり料理の店「玉ひで」は100年以上続く老舗ですが、いまでも行列のできる繁盛店です。

ある居酒屋の経営者の方と食事をしていたとき、その社長が、「玉ひでのように、100年以上経営を続けることが目標なんです」と、ポツリと口にしました。

そして、「そのためには一つひとつの店が、創業月の売上げを超え続けるということが最低条件だと思います」と続けたのです。

商売は、1年だけで終わるものではありません。何年も継続できるような商売にしていくためには、「創業月売上げを超える」という目標が必要なのです。

●まず、オープン月売上げを超えよう

オープン月売上げを超えるためには、一番店でなければなりません。主力カテゴリーという小さな範囲で、一番店であればよいのです。

そのためには、「主力カテゴリーを一番化するための販売促進」を、継続的に実施していく必要があります。

何もしないままでいると、たとえ一番店だったとしても、ブランド力は年々、自然減少していってしまうからです。

年4回の主力カテゴリー販促が、オープン月売上げを超えるための下地を作ります。

●開店記念祭りは必ず実施しよう

販売促進として、「開店記念祭り」は大義名分となりますので、ディスカウント販促を実施しても、価格崩れする心配はありません。

一番店ならば一番商品の30％割引、二番店以下なら一番商品の50％割引を実施することによって、一番商品を徹底的に売る4日間を作るのです。

それが、すでに来店しなくなった過去客も来店するチャンスづくりとなるため、お客さまの再掘にもつながります。

商売は、2～3年でやめるわけではありません。10年、20年と商売を繁盛させ続けていくためには、創業月の売上げを超える力が必要なのです。

継続的な販促活動の中で「開店記念祭り」はよいチャンス

「主力カテゴリーを一番化するための販促」を、「開店記念祭」で実施している。常に、創業月売上げを超えることが目標となる

8 繁盛店が教えるちょっとした演出の工夫

●ちょっとした楽しみの工夫

繁盛店には工夫があります。お客さまが「なんとなく好きになってしまう」「今日も、つい足を運んでしまった」、そんな気にさせる、ちょっとした演出があります。

(1)じゃんけん大会……「浜海道」では営業中、それも一番ピークのときに、2度実施している楽しい企画があります。店長がお客さまに声をかけ、全員でじゃんけん大会を行なうのです。店内はお客さまの声で溢れ、たいへん盛り上がるゲームです。そして、最後まで勝ち残ったお客さまに、飲食券をプレゼントするのです。

(2)番傘サービス……「伝兵衛」では、店頭に番傘が設置された日は、料理が2～3品、10%前後の割引になります。これが「番傘サービス」です。雨の日だけでなく、寒い日や暑い日など、お客さまが来店しにくいと思われる日に、わざわざ来店していただいた感謝として実施しています。大阪のある居酒屋では、雨の日にビールの50%割引を実施していました。

(3)十日の市……これも「伝兵衛」の企画です。毎月10日、20日、30日に、主力カテゴリーから2品目を選択し、10%の割引を実施します。伝兵衛は焼きとり屋ですから、焼きとりが10%割引になり、1本15円程度の値引になります。この企画によって、なじみ客とのコミュニケーションがよくなるということです。

(4)プラカードサービス……千葉にある繁盛イタリアン店「コメスタ」が、まだ思うように売上げが上がらなかった頃、社長がプラカードにクイズを書いてまわりました。クイズでお客さまとのコミュニケーションを高めようとしたのです。このサービスが、現在の繁盛の原点になっていることは間違いないでしょう。

(5)三線サービス……沖縄のある居酒屋では、店内に三線が置かれていて、お客さまが自由に弾いてよいことになっています。上手なお客さまや従業員が三線を弾くと手拍子が起こり、楽しい雰囲気が生まれます。

(6)ワイン預かりサービス……仙台のある焼肉店では、お客さまの記念日や特別な日に、お客さまの持ち込みワインを冷やしておくサービスがあります。代金はいただかず、1本だけにしてもらっているそうです。

ちょっとした楽しみの演出が、お客さまとのコミュニケーションにつながる

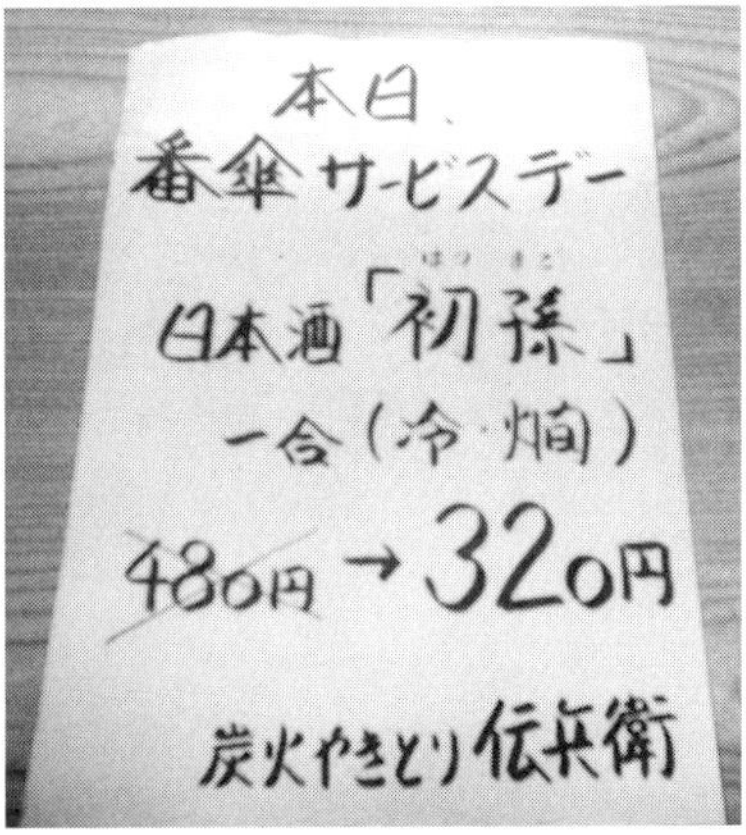

「雨の日」の来店に感謝を込めたサービス―伝兵衛・横浜

「じゃんけん大会」で、お客さまとコミュニケーションを図る―浜海道・香川

9 最高売上げの150倍が年間売上げになる

●年間売上高は予測できる

正三角形を思い浮かべてください。正三角形の高さが高くなれば、その三角形の底辺の長さも広がります。売上げの構造も、この三角形の構造とよく似ています。

高さ＝1年間の中での最高売上高／1日であり、底辺＝年間売上高と考えると、高さに当たる、1年間の中での最高1日売上げが高くなればなるほど、底辺に当たる年間売上高は多くなります。

また、最高1日売上高によって、年間売上高を予測することが可能です。一般店では、「最高売上高／1日×150＝年間売上高」となります。

1年間の中で、最高売上高／1日が10万円の居酒屋は、「10万円×150＝1500万円」ですから、年間売上高1500万円と予測することができます。

ただし、店舗力によって、その指数は変化します。

一般店＝最高売上高の日が年に1度しかない店

一番店＝最高売上高と同額クラスの売上げが、年2〜3回はある店

地域一番店＝最高売上高の日と同額クラスの売上げが、年4回以上生まれる店

というように規定すると、店舗力別の指数は次のようになります。

一般店＝150倍
一番店＝200倍
地域一番店＝220倍

●最高日販を高める努力の重要さ

極端な話かもしれませんが、最高日販によっておおよその年商が決まるのなら、最高日販を高める努力をすればよいということになります。販売促進によって、最高日販に挑戦することは重要と言えます。

1年間の営業の中で、その年の最高売上げが出たら、A4サイズくらいの紙に、①月日と曜日、②売上高、③客数と客単価を記入し、気づいた点があれば余白にコメントを書き入れます。

それを、キッチンの隅に貼り付けておくことで、売上目標が明確になります。それによって、早目の対策がとれるようになります。

最高日販を高める販促努力が重要

最高売上げ/1日 × 地域一番店=220 ／ 一番店 = 200 ／ 一般店 = 150 ＝ 年　商

(1) 基　本

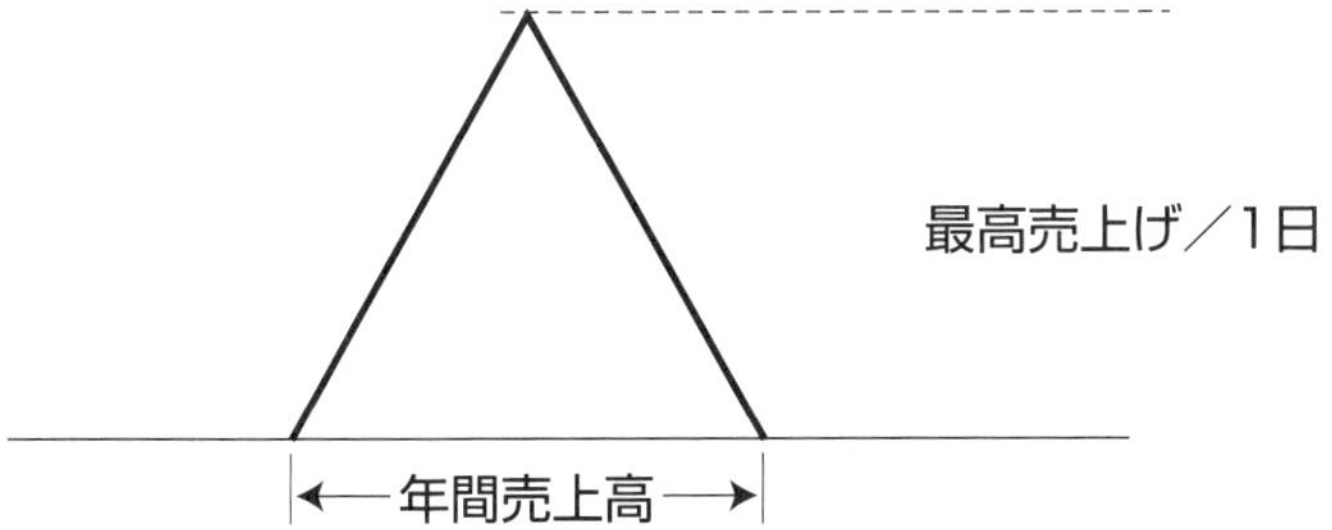

最高１日売上げ×一番店200／一般店150＝年間売上高

(2) 超繁盛店

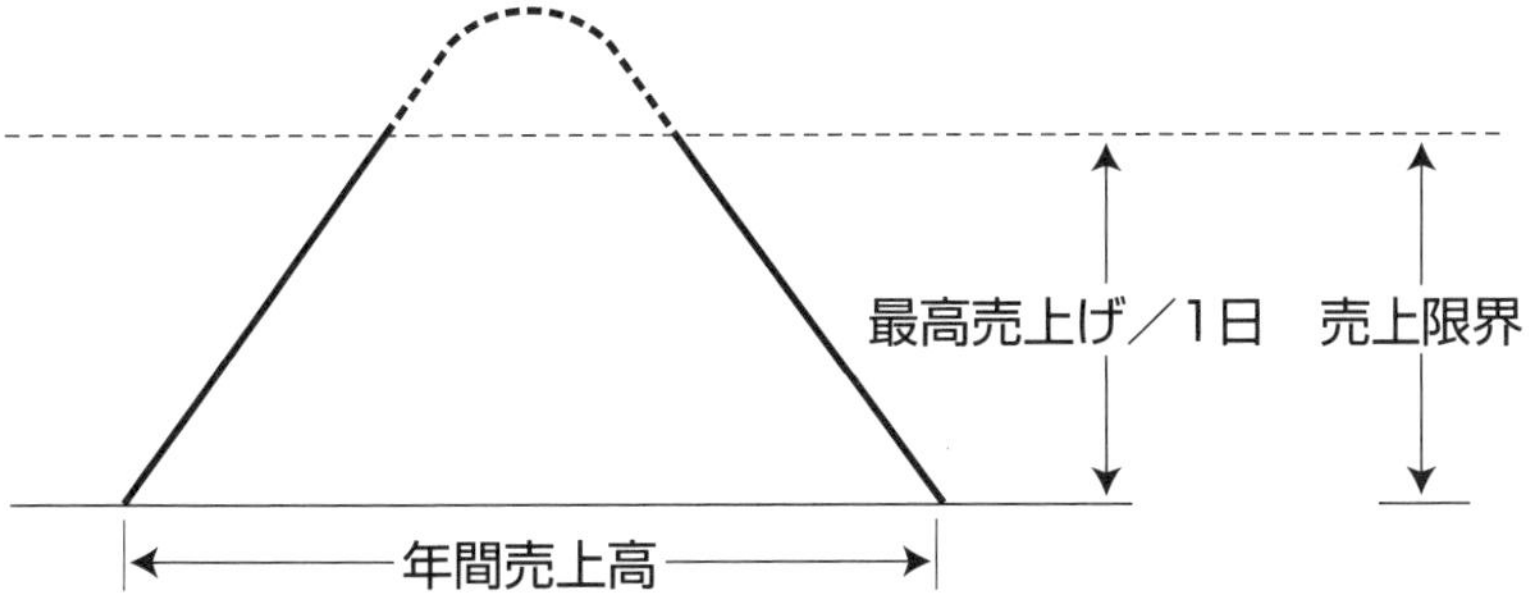

最高１日売上げ×220＝年間売上高

10 席数の10日分のお客さま名簿を作ろう

●名簿はどれくらいの数が必要か

お客さま名簿は、地道にコツコツと集める必要がありますが、売上効果が現われる名簿数の目安は「席数×10＝最低必要名簿数」です。

15席の店ならその10倍（10日分と意識したほうが、なじみやすいでしょう）となるため、「15席×10日分＝150人」で150人の名簿数が必要といった具合です。

そこで、第一目標を「席数の10日分の名簿づくり」、最終目標を「席数の130日分の名簿づくり」というように考えて、名簿を作るようにしましょう。

売上不振で何かの対策をとりたいときには、名簿を活用することで即時性のある対応が可能になります。

●携帯電話を活用すれば簡単

以前のことですが、ご夫婦と2～3名のアルバイトスタッフで運営する小さな居酒屋のコンサルティングを依頼されました。

非常に勉強熱心なご夫婦で、売上アップに意欲的に取り組みたいと話していました。小さな居酒屋なので、チラシ販促などのような大がかりなことはできないため、DMで販促をすることになりました。

そこで、予約帳やアンケートなどのお客さま名と住所をデータ化することをお願いしたのですが、これがなかなかできず、100名ほどの名簿づくりに3ヶ月以上かかってしまいました。

毎日、忙しく時間が過ぎ去る「小さな居酒屋」では、名簿を作成することもたいへんな作業となります。そのときには、〝携帯電話による販売促進〟が役立ちます。

お客さまにメールアドレスを登録していただいて、そのアドレスに「○月○日に来店していただくと刺身20%割引」といった特典を配信することで集客を高めているという事例がいくつもあります。

20万円の売上げが40万円になったり、前年売上げが125%伸びている店も少なくありません。

お客さま名簿やそれに代わるメールアドレスなどは、即時の売上対策にはなくてはならないものです。

「席数の10日分」を目安にして、名簿獲得に挑戦してください。

有効な販売促進を行なうためにも、お客さまを「有形資産」化しておこう

<名簿数の目標>

第１の目標

席数　×　１０日分　＝　最低必要名簿数

最終目標

席数　×　１３０日分　＝　最終必要名簿数

<顧客名簿>

名簿台帳　　年　　月　　日　作成

氏名	会社名	ＴＥＬ／ＦＡＸ	Ｅメール

メモ	日付	人数	料理などのメモ
●顔のイメージ・特徴 ●注意する事	月　日		
	月　日		
	月　日		
	月　日		
	月　日		
	月　日		
	月　日		

9章 苦手などと言っていられない計数管理のツボ

重要な「カネ」の問題にどう対処するか

1 投資は、見込み売上げの40％以内に抑えよう

●店の価値は収益性で決まる

「この店なら投資は安くすみます。〇千万円で店を譲ると言われているんです。どうでしょうか」と、ある居酒屋経営者から聞かれたことがあります。

お金をかけた居酒屋でした。しかし私はこう答えました。「キッチンの位置が悪くて客席が閉鎖的なので、全部やりかえなければなりません。逆に、お金がかかりすぎる物件です。新規で探したほうが安くすみますよ」。

いくら内装にお金をかけた居酒屋でも、繁盛する見込みがなければ、その価値はありません。その経営者はあきらめて、新しい物件を探すことにしました。

店にいくら投資をしても、店の資産的な価値は上がりません。店の価値は、収益性の高さで決まるのです。そのため、投資は極力抑える必要があるのです。

●3年で投資回収を目標に

投資額の目安は、店舗の年間売上見込みに対して40％と考えます。上限で50％です。

仮に、2500万円の見込み売上げならば、「見込み売上げ×40％＝総投資額の目安」ですから、「2500万円×40％＝1000万円」で、総投資額は1000万円以内となります。

また、営業利益の目標を15～20％とすると、営業利益の3年分を投資の目安にするのが妥当でしょう。

つまり、「見込み売上げ×営業利益率15～20％＝見込み営業利益」、「投資額÷3年で回収＝投資回収の1年分」で、「見込み営業利益＝投資回収の1年分」となります。

先ほどのケースだと、「2500万円×15～20％＝375万～500万円（営業利益）」ですから、「2500万円×40％÷3年＝約420万円（金利も含めた投資回収の1年分）」と、営業利益375万～500万円＝420万円（投資回収の1年分）となります。

安全経営こそ、個人店に要求される最重点課題です。

店にお金をかけるということと、お客さまを集客して固定化することは関係がないのです。投資回収が早くできる店は、利益の一部を一番商品などの原価に再投資することで、よりお値打ちな商品を作ることができるのです。

店の価値を決めるのは収益性の高さ。要らぬ投資は避けるべき

投資基準

	大　手	個　人
①見込み売上げに対する投資範囲	60〜70%	40〜50%
②投資回転率 売上高 ÷ 投資	1.3〜1.5	2.0〜2.5
③投資回収年数	5〜7年	3〜5年

投資の計算式

見込み売上げ×15%〜20%＝見込み営業利益

見込み営業利益≧総投資額÷3年

2 家賃が売上げの5％以内の物件を探そう

●家賃については、慎重に考えることが必要

居酒屋は、三等立地でも成立する業種です。この業種特性を活かさなければ損です。

家賃は固定費です。売上げが減少したからと言って、変動費のように下がる性質のものではありません。逆に、3年に1度は家賃は改定されますから、原則的に家賃は上がり続けます。

家賃は、慎重に考えなければならない項目のひとつなのです。

●見込み売上げの5％以内を目安に

店舗候補は、5物件ぐらいを同時に見たほうが、それぞれの比較がしやすくなります。そして、物件のそれぞれの売上予測を必ず行ないます。その場ではできませんから、何度か訪問して、売上予測を行ないます。それを何度も繰り返していると、自然に売上げが読めるようになるはずです。

これができるようになるまで、さまざまな物件やその周辺の環境を見る必要があります。

家賃については、「見込み売上げ×5％＝家賃の目安」で計算します。年商が2500万円の見込みなら、「年商2500万円÷12ヶ月×5％＝10・4万円／月」で、家賃の目安は、約10万円となります。

●貸し主とねばり強い交渉をする

気に入った立地条件と家賃条件とは、なかなか一致しないと考えたほうがよいでしょう。

本当にその物件に魅力を感じるなら、貸し主とねばり強く交渉することです。物件を仲介する不動産業者に頼らず、あくまでもあなた自身が、その貸し主と直接交渉を行なうのです。

あなた自身で、「営業内容」、「店づくり」、「経営方針」をまとめた計画書を作り、それを貸し主に見せながら説明します。

貸し主にとって一番重要なポイントは、商売の安定性と借り主の信用力です。あなたの熱意を貸し主に理解してもらうことが大切です。

安全な経営を行なうために、そうした交渉には熱意をもってあたってください。

店の「営業内容」「店づくり」「経営方針」などをまとめた交渉用の資料

営業方針まとめ

①商圏設定

・商圏内一番店は初年度から可能である。

（1）対象商圏全域で食事中心の居酒屋はなく、新しい付加価値をつければ需要を独占できる。
（2）郊外居酒屋は通常５kmまでを商圏に見込めるが、この立地では移動にかかる時間が都心部より少ない為、もっと広域から（＝７～１０ｋｍ商圏）集客できるといえる
（3）従って「商品とサービスの差別化を伴った店」を実現できれば、広域商圏内で強いインパクトが有り、地域一番店になれる環境は整っている。

②シェア獲得目標

・３年間で年商○億円・トップグループシェアを獲得する。

（1）初年度売上目標
　・５ｋｍ圏でまずは、シェア１５％で○億円を目標
（2）２年目で繁盛店シェア１９％で○億円を獲得し、３年目で一番店シェア２６％で○億円を作り出す

	1年目	2年目	3年目
年商	○億	○億	○億
シェア	１５％	１９％	２６％

③メニュー提案

・○○市南端にない実演機能特化型「炉端」「天ぷら」「食事」に「もてなしサービス」をプラスした間口の広いファミリー対応居酒屋をつくる。

（1）実演スペースで「炉端焼きメニュー」を見せ、鮮度訴求を行う。
（2）天ぷらネタケースからの提供で鮮度訴求を行なう。
（3）彩りのある器で華やかさを演出する。
（4）海鮮食材を多く使うことで「海鮮」を強く印象づけ
（5）主力商品、準主力商品特化でのお店の「顔」づくりにより、様々な来店動機動機に対応し、目的来店を促すとともに、幅の広い客層を商圏内、外から包み込み、圧倒的な一番店を生み出す

④店舗政策

・実演機能特化型で店舗レイアウトを考える

（1）「釜焚機」「天ぷら鍋」「焼き台」による活気
（2）アイスペット、ネタケースによる素材の鮮度特化
（3）店内全体からみえる活気あるカウンターライン
（4）従業員の配置構成は、カウンター中心にし、賑わい性を出す
（5）店外から店内がみえる“間口”の広い空間

⑤サービス政策

・一度来たお客様がまた来たくなる「もてなし」と「気配り」でリピート客を増やす。

（1）「顧客思考宣言」ボードを掲示し、従業員が「お客様に支持されるもてなしサービス」を自然にできる様にする。
（2）「お申しつけ下さい」ボードを掲示し、お客様が従業員に何でも言いやすい環境を作る
（3）「お叱りハガキ」の活用でお客様の声を店づくりに活かす。
（4）活気のある挨拶とお迎え・お見送りの徹底で、お客様の印象を良くする。

圧倒的な幅広い集客力を持った

食事中心型
“炉端・釜めし・天ぷら”
「和食居酒屋」
で地域一番店の確立

3 開店に必要な投資の目安はどれくらいか

●事前に主力商品が決まれば不必要な厨房設備は省ける

これまでご説明したように、主力商品だけで売上げの30％ぐらいを占めることができるわけですから、主力商品を中心にしたメニュー内容を事前に作り上げておくと、投資が抑えられます。不必要な厨房設備が明確にできるからです。

大手居酒屋のようなフルラインの品揃えでは、厨房投資が膨らみすぎてしまいます。

また、厨房機器も現在では、インターネットを使って中古厨房や見切り品などが探せますから、それらも活用しましょう。

●3年で回収できる店を目指す

投資は、3年で回収できる店を目指します。そのためには、低コストで考えなければなりません。次の数値を目安にしてください。

厨房＝冷凍冷蔵庫、フライヤー、台下冷蔵庫、ガス台、スープレンジ、炊飯器など。ドリンク関係はメーカー貸与と考える。

これらを基本として、２００～３００万円。これに、主力カテゴリー（炉、焼き台など）の設備に50～１００万円。

内装費＝内装、工事、水道・ガス、照明、椅子・テーブルなどの家具など。坪当たり25万円。

空調関係＝冷暖房、厨房ダクト工事など。坪当たり10万円。

什器備品＝調理器具、皿、テーブル回り小物など。これらを基本として、１００～１２０万円（床面積10～20坪）。

その他＝ユニフォーム、電話、メニューなど。これらを基本として、50万円（※同基準）。

販売促進＝チラシ、ＤＭ、試食会、捨て看板など。これらを基本として、１００万円（※同基準）。

●運転資金を用意しておくことも忘れない

もうひとつ考えておかなければならないことは、順調なすべり出しになるという保証はないということです。そのため、運転資金を用意しておきます。その目安は、見込み売上げの1ヶ月分程度です。

コストを抑え、3年で回収できる店を目指そう

4　要注意の人件費を管理し、生産性を上げよう

●人件費はもっとも注意が必要な経費項目

経費の中で、もっとも大きなウエイトを占めるのは、人件費です。売上げは毎日一定しているものでなく、変化を繰り返します。昨日はあれだけ忙しかったのに今日は……、といった具合です。

そのために、人件費のコントロールは難しくなりますが、上手にコントロールするためには、次の四つのポイントがあります。

●人件費をコントロールする四つのポイント

(1)一番店は、低コスト運営

先に述べた通り、売上げは毎日変化するため、人件費が管理しにくくなります。その点、一番店は売上げが安定しています。毎日の売上げやピーク時間が一定しているため、ムダなコストが管理しやすくなります。

(2)売上げの変化はパターン化している

売上げは毎日変化しているようですが、1年間集計して、同日、同曜日で比較すると、ほぼ同じ傾向で変化しています。そのデータをもとに、人件費のムダを省きます。

「売上げ、客数、客単価」「天候、気温」「周辺行事」「コメント」という項目で売上データをとります。これが、人件費管理の基本です。

(3)生産性が店の評価

1日の売上げを総労働時間で割った指数を、「人時売上高」と呼びます。つまり、「売上高÷総労働時間＝人時売上高」で、この「人時売上高」の基準は4000円程度です。

これを、日別と月間で計算します。許容範囲は、3200～5200円です。3200円以下の日は人員や時間数の削減、5200円以上の日は増員という対策が必要です。このように、「人時売上高」を評価基準にして管理します。

(4)ワークスケジュール表が必要

ワークスケジュール表は、出勤日と出退勤の時間を書いたものです。必ず1ヶ月間で作成してください。

個人の出勤内容以外に、「週間業務、月間業務予定」「ミーティング予定」などの月間計画も記入します。人件費管理の基本は、仕事の計画化と言っていいでしょう。

人件費のムダを抑えるために、担当者ごとのスケジュール管理を行なう

月間管理表　＿＿月　＿＿＿＿店

氏名	1日	2日	3日	4日	5日	6日	7日	8日	9日	10日	11日	12日	13日	14日	15日	16日	17日	18日	19日	20日	21日	22日	23日	24日	25日	26日	27日	28日	29日	30日	31日	計
ミーティング																																
店内業務 清掃																																
店内業務 デイリロ業務																																
個人目標																																

5 原価管理と棚卸しの実施で繁盛店への道を

●「粗利ミックス」実現のために

繁盛店では、どの商品も一率に同じ原価率というわけではありません。原価をかけたお値打ち商品や、粗利のとれる儲け型の商品をうまく使い分けて構成しているのです。

これを「粗利ミックス」と呼びますが、この粗利ミックスを実現するためには、商品ごとの単品原価をつかむ必要があります。

そのためには、次の四つのポイントを抑えるようにします。

(1)「単品原価表」の作成

使用する原材料費にロス分を加えた原価を、レシピ原価と呼びます（レシピとは、使用する材料とその使用量を記入したもの）。レシピ原価を一覧にしたものが、「単品原価表」です。

この「単品原価表」が、原価管理の基本データとなります。

(2)標準原価率の把握

左の「標準原価算出表」にあるように、単品ごとのレシピ原価率に、それぞれの売上構成比を掛け合わせた値を集計すると、標準原価率が算出されます。これが、その店での理論的原価率となります。

その理論的な原価率と、棚卸しによる実質の原価率との差を把握することで、ロス退治、仕入れ値の変化による影響度、高原価商品の見直し、商品のお値打ち化、などの対策がとれます。

原価の把握をどんぶり勘定ですませるようでは、安定した利益は生まれてきません。

(3)棚卸しは、必ず毎月実施する

棚卸しをしなければ、正しい原価率を把握することはできません。個人店では、棚卸しをしなくてもよいほどの低原価率で営業している店が少なくありません。しかし、そのような店ほど繁盛していません。

こうやって正しい原価率を把握することで、利益管理が可能となり、商品のお値打ち化対策がとれるのです。毎月の仕事のけじめのためにも、棚卸しは必ず実施するようにしてください。

どんぶり勘定を排して安定した利益を求めるには、単品ごとの原価管理が不可欠

標準原価算出表

商品名	設定原価率	A	売上構成比	B	A×B=C
①まぐろ刺身	35%	0.35	12%	0.12	0.35×0.12=0.042
②					
③					
④					
⑤					
⑥					
⑦					
⑧					
⑨					
⑩					
⑪					
⑫					
⑬					
⑭					
⑮					
				Cの累計	食材原価率

6 必要な売上げと必要な利益を必ず知っておこう

「どうすればいいでしょうか」と、ある居酒屋のオーナー。なんとかしてあげたいと、くわしく店の現状を聞きました。ところが、あまりにも数字の把握がずさんでした。利益の蓄積もない中での出店が重荷になった結果でした。さまざまな検討を重ねましたが、3店舗のうち、2店舗を処分して、本店にすべての力を集中することをすすめました。

現在は、4店舗まで新たに拡大し、確実に利益の蓄積を行なって、経営環境の変化にも耐えられるような安全な経営をしています。あらためて数字を把握することの大切さを思い知らされました。

●「必要な売上げ」=「損益分岐点売上高」と捉える

小さな店の場合、月々の売上変化は比較的少ないようです。また、変動費となる「水光熱費」も、売上げによる大きな変化はありません。したがって、経費すべてを固定費と考えて粗利率で割ると、損益分岐点売上げが把握できます（左図参照）。ただし、返済金は重要です。固定費に組み込んで計算してもよいでしょう。「（返済金＋固定費総額）÷粗利率＝損益分岐点売上高」、これが、限界となる必要売上高です。

そこに、あなたの目標収入を加えます。「［店主目標収入＋（返済金＋固定費）］÷粗利率＝必要売上高」、これで、目標とすべき売上高がわかります。

●「必要利益」を蓄え、将来の変化に備える

将来、競合や立地環境の変化が起こるかもしれません。その変化に備えるため、利益の蓄えが必要となります。「必要利益」は、売上高の10％を当面の目標とします。

「（「必要利益」＋店主目標収入＋返済金＋固定費）÷粗利益率＝安全経営売上高」、この計算式によって、安全経営のために必要な売上高が鮮明になります。

●売上計画を作成しよう

以上のようにして、第一目標→損益分岐点売上高、第二目標→必要売上高、第三目標→安全経営売上高と、目標とすべき売上高を計画します。

損益分岐点売上げを基本にし、いかにムダのない経営を実践するか、そして将来の変化に対応できるような、「利益蓄積経営」を目指さなければなりません。

将来の変化に備えた「利益蓄積経営」を目指そう

個人店では簡単に考えよう

A．固定費	B．変動費的	C．変動費
① 家　賃	① 人件費	① 原価率
② 金　利	② 水光熱費	
③ 返済金	③ 消耗品費	
④ リース料	④ 他	

（1）小規模店での計算

損益分岐点売上げ＝

$$\frac{\text{固定費＝A．固定費 ＋ B．変動費的}}{1 - \text{C．原価率（※正式には、原価率を含む変動比率）}}$$

※正式には、原価率を含む変動比率

（2）目標利益

$$\frac{\text{目標利益 ＋ 固定費}}{1 - \text{C．原価率}}$$

※正式には、原価率を含む変動比率

7 将来を見すえた「経営計画」が成長の基本

居酒屋を中心に展開する群馬のサンフードは、経営方針発表会を実施して11年目になります。その発表会には、社員はもとより、パートの方や取引業者さんも一同に集まります。そこで、経営理念と方針を具体的に報告しているのです。

当初は3店舗だった居酒屋も、現在では14店舗と確実に成長し、安全な経営を行なっていますが、それも、経営理念と方針の支えがあったからではないかと思います。

経営とはゴーイングコンサーン（終わりなき継続）と言われますが、順調なときも苦しいときもあると考えなければなりません。順調なときは、意外と人のアドバイスが耳に入らなくなり、自分の力を過信しがちになります。また苦しいときは迷いが多く、よい判断ができなくなります。そんなときに必要なのが経営理念と方針です。

●店が存続するための自分の原点が「経営理念」

あなたの店が安定して収益性を高めるには、長期的な観点に立って店を育て上げることが必要です。経営理念は、「店の基本の一貫性」を確立するものですから、長期的に店を育て上げるための大切な要素です。

「自分の生き方として、大切にしたいこと」、「目指したい店」、「なぜ、自分は創業するのか」などをもとに、自分の考えを整理します。大げさかもしれませんが、「店が存続するための自分の原点」を言葉で表現したものが、経営理念です。

●「経営方針」は具体化な行動目標

経営理念を実現するために、行動として具体的に実践する内容を示したものが経営方針となります。

「商品づくりに対する具体策」、「価格に対する基本的な考え」、「サービスに対する具体的な行動」、「お客さまに対する基本的な考え」、「売場環境に対する具体策」――これら五つの項目に対して、行動できるぐらいの具体性をもって方針を考えます。具体的に実践するためにも、各項目ごとにひとつの行動方針にします。

あなたは店のオーナーです。あなたが何をしようと、だれも批判しないし評価しないかもしれません。だからこそ、あなたの考えた「経営理念」と「経営方針」が、あなたの番人になってくれるのです。

順調なときも苦しいときも、原点に還らせてくれるものが必要

経営方針計画書　作成　　年　　月　　日　作成者

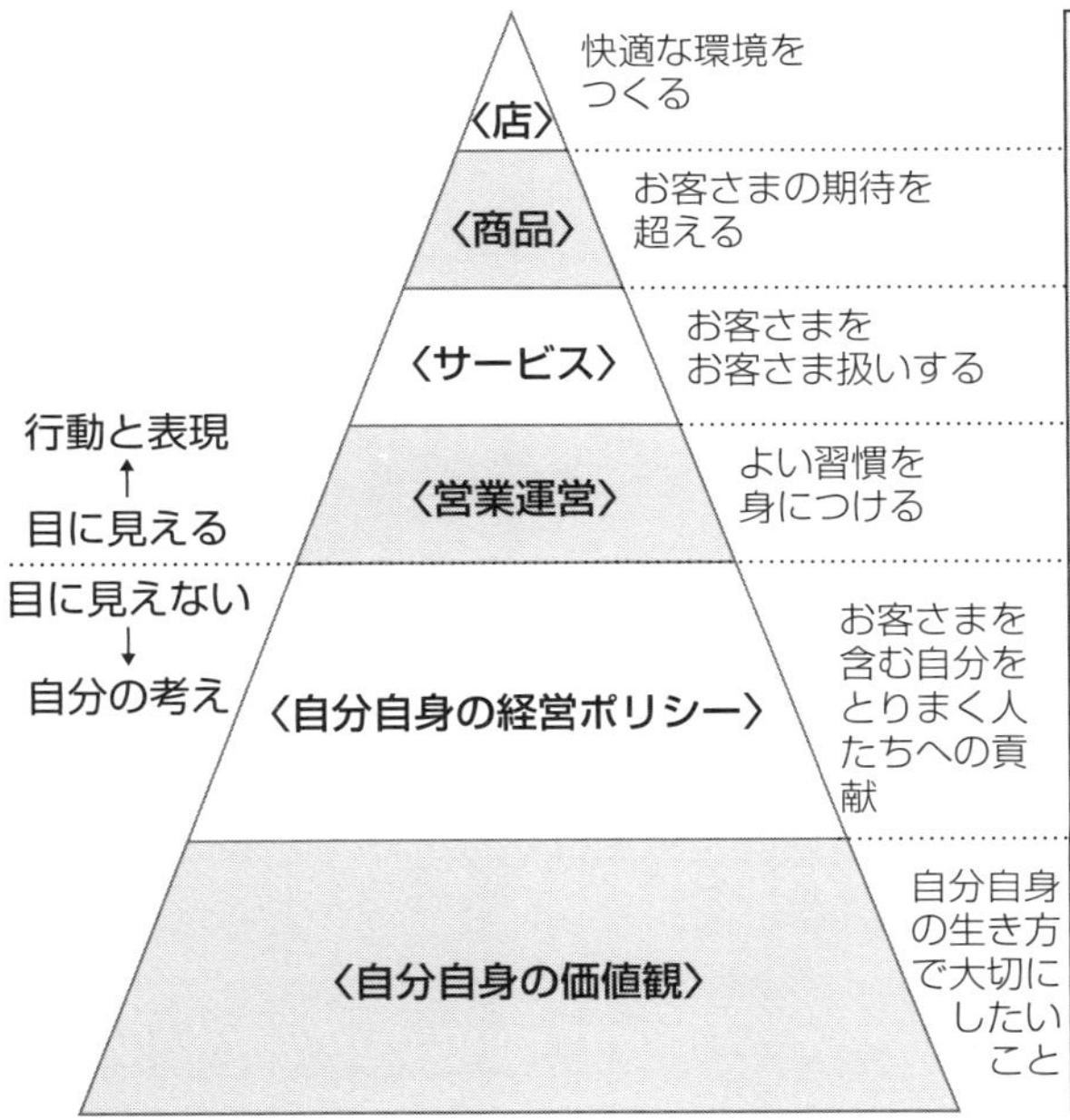

表現	営業方針	環境づくりの方針	
		商品方針	
		サービス方針	
		営業方針	
考え	経営方針	経営理念	
		人生観	

8 健全で安全な経営体質づくりのための損益計画

●損益計画のための基準値

損益計画の立案をしなければ、経営を計画的にすすめることはできません。その損益計画のための基本的な目安は、次のようになります。

(1)原価率に関する基準値

基準値＝32～34％
個人店＝28～32％
付加価値重視店＝25～28％
お値打ち重視店＝36～38％

(2)人時生産性に関する基準値

基準値＝4000円
個人店＝3000円
一番店＝5000円

(3)基本的な経費に関する基準値

水道光熱費＝5％
消耗品費＝1％
販売促進費＝2％

(4)営業利益率に関する基準値

基準値＝15％
個人店＝5～10％
一番店＝20～25％

●基本は安全な経営体質づくり

以上の数値基準を目安に、損益計画を作成しますが、その基本は、健全で安全な経営体質づくりを目指します。そのためには、損益分岐点比率が85％以下になるような計画が必要となります。

そこで、損益分岐点比率を下げるための改善計画と、より経営体質を健全にするための積極的な売上増加計画の二面から、具体的な年間計画を立案します。具体的には、損益分岐点比率を下げるために、「水道光熱費関係のこまめな管理」、「生産性管理による人件費ロスの排除」、「メニュー分析による粗利改善」などが考えられます。

一方で売上げを伸ばすためには、「主力カテゴリーを強化する販売促進を年4～6回実施する」、「シズル性を付加した商品への見直し」などが考えられます。

こうした具体策をもとに、損益分岐点売上比率が85％以下になるような売上計画を検討し、作成します。

安定的な経営体質づくりの目安として損益分岐点比率に注目

損益分岐点比率が安全経営の目安

$$\frac{\text{損益分岐点売上げ}}{\text{売上目標}}$$

経営体質の目安

70% 以下	環境変化にも強い経営体質
71～85%	健全な経営体質
90～95%	短期借入れの可能性あり
95% 以上	年間4ヶ月以上の資金繰りショート

損　益　計　画

	初年度		2年度		3年度		
	予測(万円)	構成比	予測(万円)	構成比	予測(万円)	構成比	
売上高							
売上原価							
粗利益							
販売費・一般管理費（減価償却費を除く）							
販売費・一般管理費							
人件費							
減価償却費							
地代・家賃							
販促費							
備品費							
消耗品費							
その他経費（水道光熱費を含む）							
営業利益							
営業外収益							
支払利息							
経常利益							
税引前利益							
法人税等							
税引後利益(a)							
減価償却費(b)							
キャッシュフロー(a)＋(b)							
借入金返済額(c)							
借入金残高							
返済後キャッシュフロー(a)＋(b)－(c)							

9 どうやって資金を調達するか

●親だって、あてにできるとはかぎらない

茨城で繁盛飲食店を経営する社長Aさんから聞いた、創業時の話です。その方は、開業資金の50%程度を親から調達すればよいと簡単に考えていたそうです。

工事費は着手、中間、引渡しの3回に分けて支払うのが基本ですが、その方は着手金だけを支払い、中間支払いが延びていました。工事関係の会社の社長は、その経営者の人柄や熱意を信用していたので、引渡し時に残金を支払うということで納得していました。

工事がほぼ完成し、店舗の引渡しが間近になったので、Aさんは親を頼りに資金援助を頼み込みました。ところが、思ってもみないことに、返ってきたのは「それはムリ」との返事。

Aさんは途方に暮れて悩んだ末、その工事の設計者に相談しました。設計者は仕事を通して、Aさんを息子のように感じていたらしく、なんと肩代わりの出資の約束をしてくれたのです。〝九死に一生を得る〟というのは、まさにこのことでしょう。

しかし、こんな幸運なことは一般的には考えられません。調達資金で綱渡りのようなマネはできません。資金は、できるかぎり早く、確実な調達が必要です。

●自己資金で50%以上を確保するのが目安

基本的に、他人から資金調達するということは、返済金だけでなく金利が発生するということに他なりません。確実な売上げや利益がわからない、創業のための資金調達ですから、それを着実に返済していくためには、返済金と金利が大きな負担にならないようにしなければなりません。

その目安となるのは、自己資金が開業資金の50%を超えているかどうかです。それだけの自己資金がないと、返済には相当苦労することを覚悟しなければならないでしょう。

資金調達に際しては、公的な資金融資の窓口で相談すると、地域ごとに金利や借入条件などが優遇された特別な融資制度が期間限定的に活用できる場合もあるので、いくつかの公的融資先に連絡をして、くわしい内容を調べる必要があります。

さまざまな公的融資制度があるので、こまめに融資先に相談を

開業等に関する資金融資

1．全国商工会連合会

○小企業経営改善資金融資制度
①開業資金　550万円
②開業資金の1／2以上の自己資金

2．商工組合中央金庫

○緊急経営安全対応貸付
資金繰り安定のための運転資金の貸付

3．その他の公的融資制度

○小企業金融公庫
○信用保証協会
○国民生活金融公庫等　他

新規事業支援（融資）一覧（大阪の場合）

段階	制度名	問い合わせ先
新規事業開業段階	新規開業特別貸付	国民生活金融公庫相談センター
	小企業等経営改善貸付	国民生活金融公庫相談センター
	女性・中高年起業家貸付	国民生活金融公庫相談センター
	女性・高齢者起業家支援資金貸付	中小企業金融公庫相談センター
	開業支援資金（スタートアップ資金）A型	大阪府
	開業支援資金（スタートアップ資金）B型	大阪府
	創造的中小企業創出支援事業	大阪府研究開発型企業振興財団
	創造期直接投資事業	大阪府研究開発型企業振興財団
	設立投資・創業期投資	大阪中小企業投資育成㈱
	情報システム活用型シニアベンチャー等支援事業	近畿通商産業局

10 安全経営のための10のチェックリスト

安全な経営を実現するために、あなたが今から実施しなければならないポイントを、10項目に整理しました。

それぞれの項目は、すでに説明が終わっています。このチェックリストを活用して、あなたの頭を整理してください。

●投資に関するポイント

(1) 自己資本比率30％以上

資金調達に占める自己資金の比率＝ベストは50％以上

(2) 損益分岐点売上比率85％以下

計画売上げに対する損益分岐点売上げの比率＝ベストは70％以下

(3) 返済金の売上比率7％以下

計画売上げに対する返済金の比率＝ベストは5％以内

(4) 投資の売上比率50％以下

計画売上げに対する投資の割合＝ベストは40％以内

(5) 家賃は売上げの7％以下

計画売上げに対する家賃の割合＝ベストは5％以下

●営業に関するポイント

(6) 経営理念の作成

自分自身にとって、もっとも大切にしなければならない考え方で、しかも自分自身が納得できるかどうか

(7) 経営方針の作成

自分自身でチェックできるぐらいの具体的な行動方針を、商品とサービスにおいて立案しているか

(8) 主力カテゴリーの食材と売価の決定

お値打ち感でお客さまが満足を感じる商品か？

(9) 開業6ヶ月スケジュールの作成

確実に計画を推進できるほど具体的か？

(10) ご試食会の実施計画

成功開店のために、研修を兼ねた試食会は予定しているか？

これら10項でチェックしてみてください。

納得できるベストなものは◎＝5点、基準レベルには○＝3点、それ以下のものは×＝マイナス2点で計算します。

50点満点で、最低40点は必要と考えてください。当然、×の項目は内容の見直しを図ります。

開業に向けて必須事項をチェックし、できていない項目については改善が必要

安全経営のための10のチェックリスト

		YES	NO	対　策
投資関係	①自己資本比率30%以上			
	②損益分岐点売上比率85%以下			
	③返済金は見込み売上げの7%以下			
	④投資は見込み売上げの50%以下			
	⑤家賃は見込み売上げの7%以下			
営業関係	⑥経営理念はつくったか			
	⑦経営方針は具体化したか			
	⑧主力カテゴリーの食材と売価は決定したか			
	⑨開業6ヶ月スケジュールは作成したか			
	⑩ご試食会は実施するか			

10章 開業時の混乱を乗り切り繁盛店への軌道に乗せる

売場、商品、もてなしをどう作り上げるか

1 「定物定位置」は実現できているか

開店前後の1ヶ月となると、もう並の忙しさではありません。いくら整理をしても、頭の中にはしなければならないことが次々と浮かんできます。それに緊張感も続きます。

まず、整理しなければならないのが店内です。そのときは、その場所に収納したことを覚えていても、混乱した頭では覚えきれません。

これでは、調理や品出し等で余計な時間がかかって、お客さまをお待たせするなどで、店の評判を落としかねません。

収納したものは、そこにシールを貼って記入しましょう。

そして、それぞれの場所を固定します。一度使ったものは、必ずそのシールを貼った場所に戻します。

こうしたことを「定物定位置」と言います。仕事の基本です。

●**食材の定物定位置**

冷蔵庫や冷凍庫の扉にシールを貼ります。そして、その扉の表側に、収納している食材を記入します。

できれば、扉の中の収納位置が外からでもわかるようにレイアウト図を作成し、扉に貼り付けておきます。

棚の場合は、「並べる列数」「発注するケースの単位とその中身の量」「商品名」を記入したシールを貼ります。

●**その他の定物定位置**

空調は、もっとも適切な室温になるところに、シールを貼っておきます。そうしておかないと、従業員中心の温度コントロールになってしまいます。同様に、BGM、照明などについても、ボリュームや明るさなどの適切なところにシールを貼っておきましょう。

食器や消耗品は、食材と同じ扱いです。

●**食器在庫の定物定位置**

食器の在庫に関しては発注メーカーを忘れますから、メーカー名、型番号、そして仕入れ価格を記入し、シールで貼ります。

このような「定物定位置」を実行することによって、作業の高効率化、食材のロス退治、在庫金額の軽減化などが実現します。

開店前後の目まぐるしさを乗り切り、店を軌道に乗せるために「定物定位置」は欠かせない

冷蔵庫や収納場所に、収納内容を記入したカードを貼る

2 「お叱りハガキ」でお客さまの声を知ろう

多くの繁盛店では、お客さまの要望に注意をはらって、極力その要望に応えようと努力をしています。

実は、店に対して不満を持っているお客さまの約8割は、不満を声に出しません。最悪の場合、声に出さないまま来店しなくなるのです。

実際はそうしたケースが多いのですが、お客さまは店に対して要望を言わないわけですから、お客さまが減る原因を店の人たちは気づかないということになります。

●お客さまの、声にならない声を汲み上げよう

そうしたことにならないよう、兵庫の「とりどーる」や群馬の「どんさん亭」といった繁盛店では、「お叱りハガキ」といって、お客さまのクレームを書いていただくものを作って活用しています。

私がお付き合いさせていただいている飲食店の70%では、この「お叱りハガキ」を活用しています。このハガキには、お叱りメモといった、お客さまの意見を書くスペースを設けています。

そんなに多くのハガキは返ってきませんが、返ってきたハガキのお叱りメモの欄には、びっしりと意見が書かれています。しかも内容は、かなりくわしいものです。

店としては、自分たちが気づかなかった貴重な意見であり、改善の必要があることばかりです。すぐにでも活用できる内容が提案されています。

●必ず返事を出すことが重要

そうやっていただいたハガキに対しては、必ず返事を出すようにしています。具体的に、改善できるものはその内容を書きます。改善に時間が必要な場合は、その旨を伝えます。改善できないことは、正直にそのように伝えます。

連絡できない場合は、店内に設けた小さなスペースで報告します。

こちらからの返事のハガキに、感動されるお客さまも少なくないようです。あらためて、お客さまから礼状をいただくといったケースも珍しくありません。

声にならないお客さまの本当の声に耳を傾け、その要望に対処することで、お客さま満足に一歩近づくことができるのではないでしょうか。

お客さまの声にならない要望を汲み上げて改善し、顧客満足に近づけよう

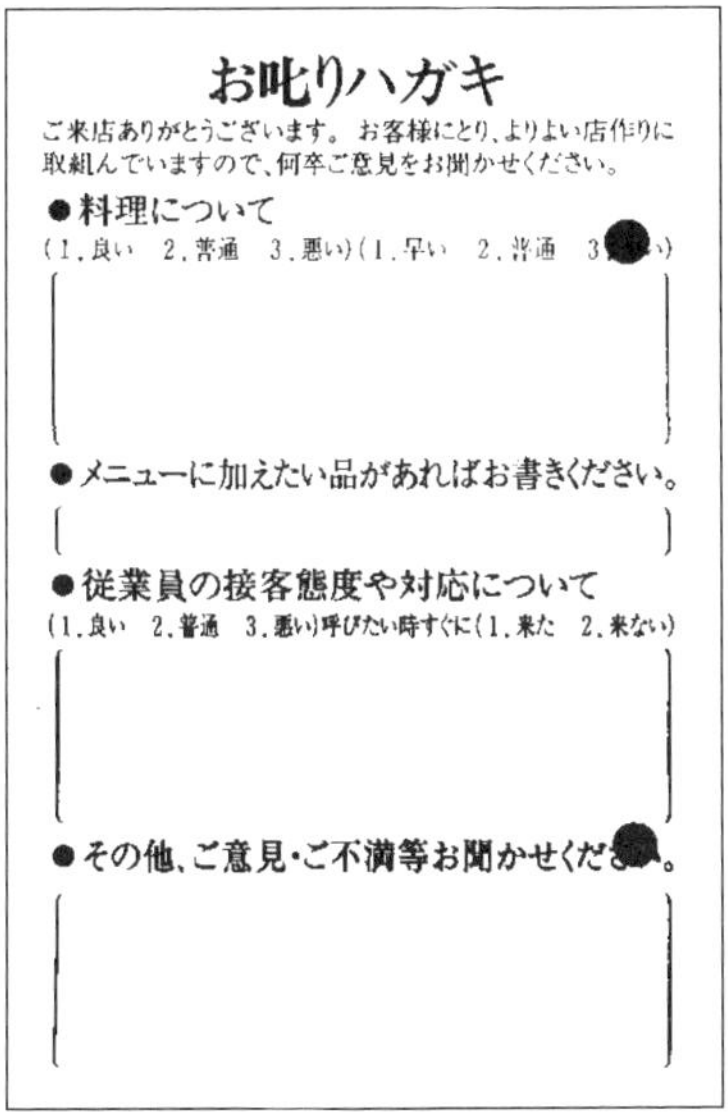

お叱りハガキ

ご来店ありがとうございます。お客様にとり、よりよい店作りに取組んでいますので、何卒ご意見をお聞かせください。

●料理について

(1.良い 2.普通 3.悪い)(1.早い 2.普通 3.遅い)

●メニューに加えたい品があればお書きください。

●従業員の接客態度や対応について

(1.良い 2.普通 3.悪い)呼びたい時すぐに(1.来た 2.来ない)

●その他、ご意見・ご不満等お聞かせください。

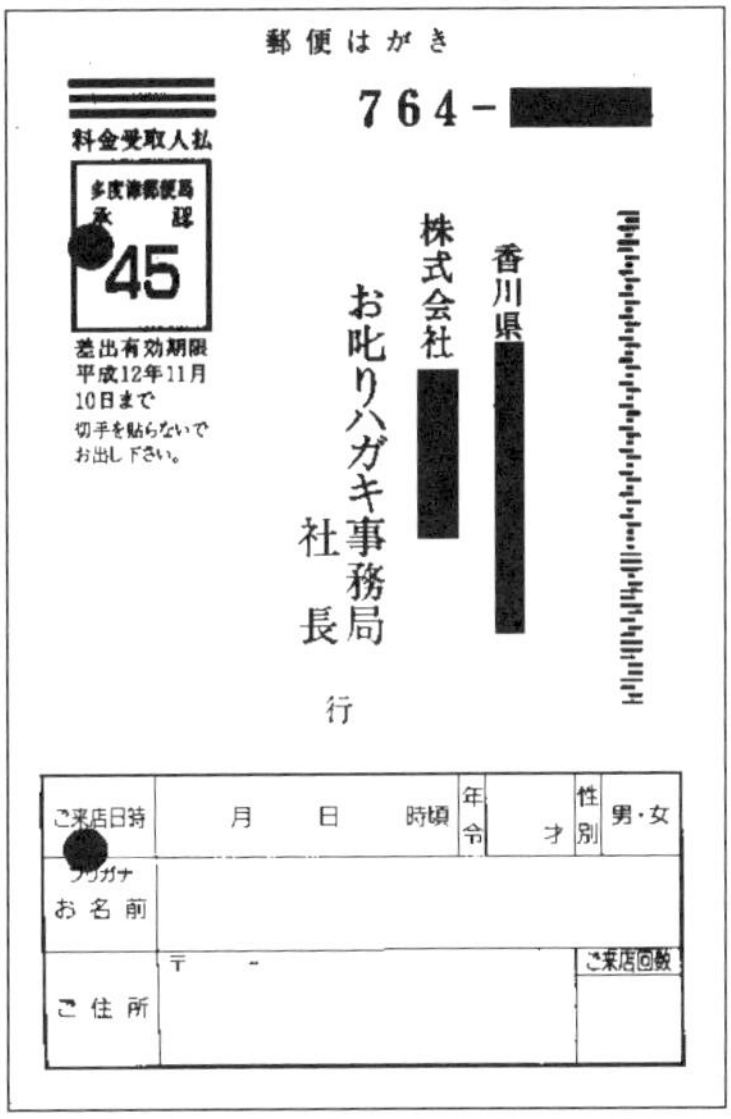

郵便はがき

764-[redacted]

料金受取人払

多度津郵便局承認

45

差出有効期限
平成12年11月
10日まで

切手を貼らないでお出し下さい。

香川県[redacted]

株式会社[redacted]

お叱りハガキ事務局

社長 行

ご来店日時	月 日 時頃	年令	才	性別	男・女
フリガナ お名前					
ご住所	〒 -			ご来店回数	

このハガキはお客さまの「不満」を集める工夫のひとつです

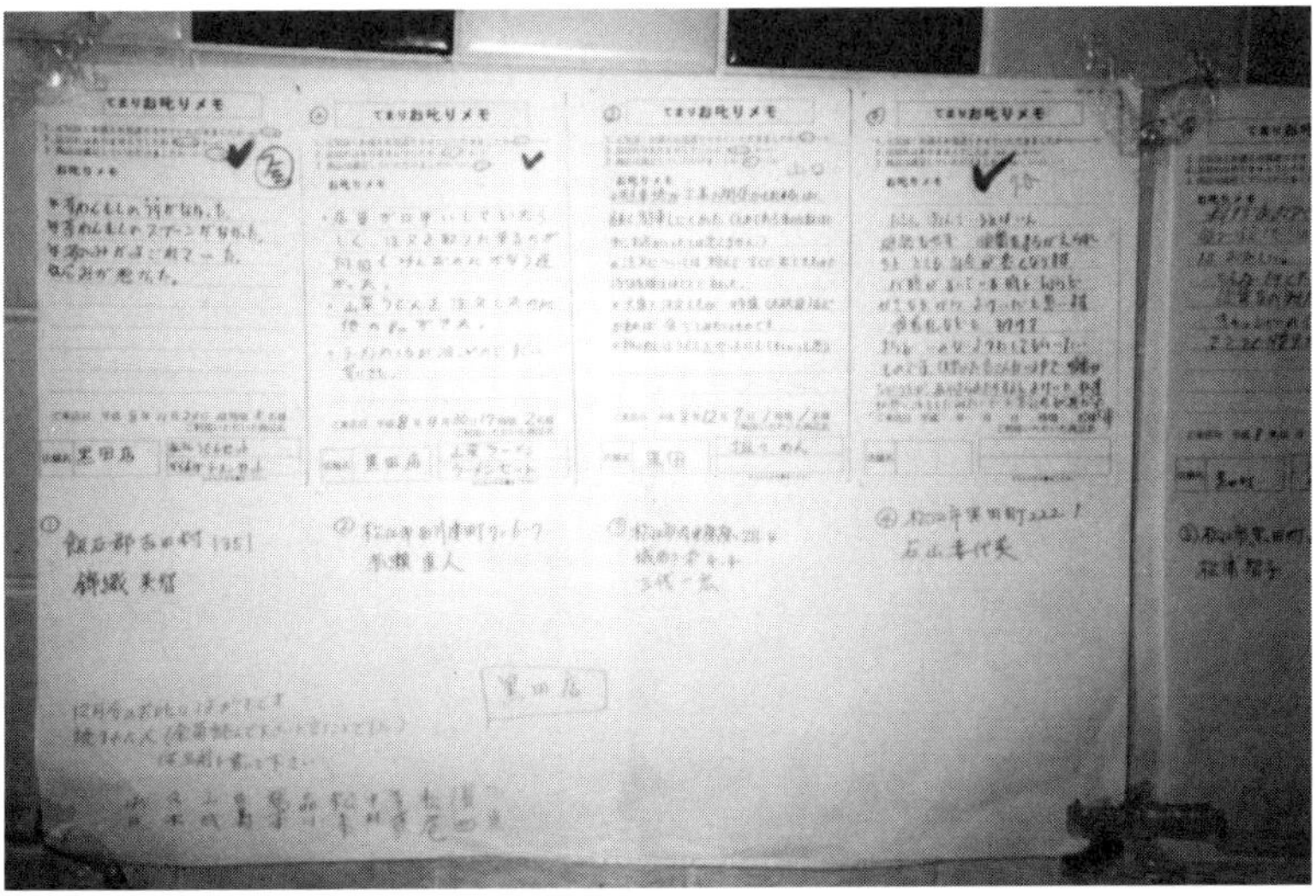

お叱りハガキの意見に対する対応を書いて、従業員に徹底する

3 「開店前6ヶ月」をスケジュール化しよう

●開店準備は1年前から

開店の準備は、開店予定日の1年前からスタートします。準備する内容は、「決定に時間を必要とするもの」「あまり時間のかからないもの」というように、大きく二つの性格に分けられます。

時間を必要とするものは、①物件探し、②資金調達、③内装・レイアウト計画、④見積りと投資の決定、の四つです。とくに①と②は、基本的な主導権を、自分が握れるものではないだけに、時間がかかると考えたほうがよいでしょう。

私の開発したケースでは、すべての内容が決まったにもかかわらず、物件探しだけで1年6ヶ月かかったというケースもあります。その店は現在も超繁盛店ですが、それにしても物件探しの時間はかかるし、かけたほうがよいでしょう。

そのために、開店の1年前から活動に入ります。

●1年前～6ヶ月前までは大まかに

1年前から6ヶ月前までに行なっておくべき活動は、それほど多くの内容があるわけではありません。①物件＝立地と賃貸条件、②施工業者＝施工例の見学と投資予算の決定、③主力商品探し＝商品見学と仕入れ条件、④繁盛店見学＝自店に取り入れる内容、という4点が中心になります。

この期間は、いままで考えていたあなたの案を整理し、具体化させるための時間として考えるとよいでしょう。

●6ヶ月前から開店までは詳細に

実行段階が、この期間です。内容は多岐に渡ります。各方面からの問い合わせや打ち合わせに忙殺されはじめます。詳細なスケジュールを作らなければ、まったく進行しない内容も出てきます。

6ヶ月前スケジュールは、自分で作らなくてもよいのです。白紙のスケジュール表を各業者に渡し、埋めてもらうとよいでしょう。

この期間を有効に使うためには、スタートしたものは赤で○印を入れ、終了したときに、青で×印を入れていきます。確実に一つひとつ処理するためのチェックリストとなるでしょう。

きちんとしたスケジュールがよい結果へとつながる

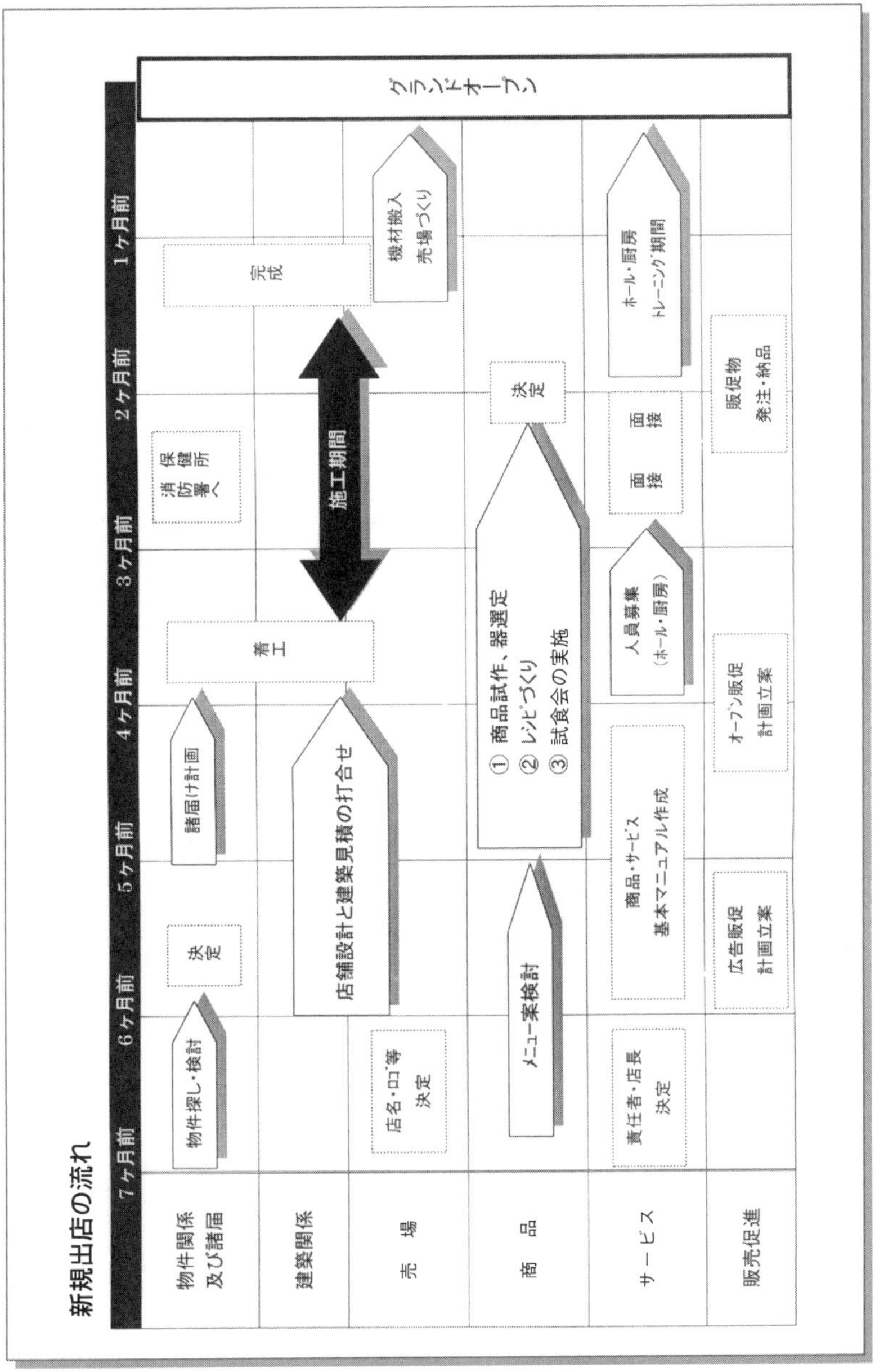
新規出店の流れ
7ヶ月前
6ヶ月前
5ヶ月前
4ヶ月前
3ヶ月前
2ヶ月前
1ヶ月前
グランドオープン
物件関係
及び諸届
建築関係
売　場
商　品
サービス
販売促進
物件探し・検討
決定
諸届け計画
着工
消防署へ
保健所
完成
店舗設計と建築見積の打合せ
施工期間
店名・ロゴ等
決定
機材搬入
売場づくり
メニュー案検討
① 商品試作、器選定
② レシピづくり
③ 試食会の実施
決定
責任者・店長
決定
商品・サービス
基本マニュアル作成
人員募集
（ホール・厨房）
面接
面接
ホール・厨房
トレーニング期間
広告販促
計画立案
オープン販促
計画立案
販促物
発注・納品

4 「開店用発注リスト」は必ず作る

大手企業なら、それぞれの担当者が忘れることなく、遅れることなく確実に、備品等の発注を進めていくでしょう。

しかし、初めての独立開業です。すべて自分1人でやらなければ、物事はスタートしません。仮に仲間がいても、その人にとっても初めてのことになるのです。

原則的に、すべての器材や食材の搬入は店舗物件の引渡し後となりますので、引渡しの日から2～3日で搬入を完了し、整理収納しなければなりません。

●発注品はメモでなく、必ずリストにしよう

開店に必要な発注品を、メモに書き込んで発注することは、避けたほうがよいでしょう。きちんとした形で発注用リストを作成しましょう。

そのリストに、発注する項目と数量を書き込んだうえで、各業者にそれを点検してもらうのです。そして、不足するものや量の過不足のアドバイスをお願いするわけです。

また実際に発注するときには、項目の頭に○印でチェックを入れます。こうしておくと、発注もれや発注ずみで二重に発注していないかという確認ができます。

納品時には伝票がありますから、それでチェックするのは当たり前ですが、発注リストも同時に手に持ってチェックしていきましょう。納品された物は、項目のうしろに×印でチェックします。

●発注リストは必ず保存しておく

ある海鮮居酒屋の開発をお手伝いさせていただきました。郊外立地であるにもかかわらず、坪売上げが年間300万円以上という、超繁盛店になりました。

その店の開業時も、やはり初めての開業でしたから、バタバタとしてしまいました。3年経過した時点で、次の店の開店ということになったのですが、その店のオーナーがすべての発注リストを保管していて、日付の変更や数量の変更までしていたのです。2号店はそのリスト通りに発注したのですが、本当に楽な開店になりました。

そんな経験からも、発注リストを必ず保管しておくことをおすすめします。

だれが何を担当し、何を発注するのかを必ず表にして残す

行動確認シート

大分類	統括	中分類	詳細	担当	日程	ポイント
販促	松崎さん	無料試食会	チラシのラフ作成	船井総研	提案済み	
			チラシ発注	松崎さん	12月12日	
			チラシの修正	船井総研	12月17～20日	
				松崎さん		
			折込範囲指定	松崎さん	12月12日	2次商圏全域まで配布する
			試食会参加者選定		1月6～8日	足元商圏の応募者を優先的に選定する
			返信作業		1月6～8日	はずれのお客様には、50%の割引スタンプを押して返信
		DMアプローチ	PTA、大学などリスト収集		12月1～14日	
			試食会チラシ封入・発送		12月25日	
		オープンチラシ	チラシのラフ作成	船井総研	1月7日	
			チラシ発注	松崎さん	1月8日	主力商品の写真を大きく使う
			チラシの修正	船井総研	1月13～20日	
				松崎さん		
			折込業者打合せ	松崎さん	1月8日	小分けで折込量を伝える
		月刊ブラザ	担当者と打合せ	松崎さん	12月18日	タウン誌の活用を試みる
商品	滝沢さん	モデル店視察	[illegible]			
			[illegible]			
		商品試作	第1回目　主力商品のみ		12月16日	※引渡前なので別会場の確保
			第2回目　全品		12月24日	
			第3回目　全品		12月27日	
		器	器サンプル選定・発注	船井総研	11月27日	
				滝沢さん	11月27日	
			器最終選定（商品試作会と同時）	船井総研	12月24日	
				滝沢さん	12月24日	
			器の発注	滝沢さん	12月24日	
		メニューブック	メニューブックの発注	滝沢さん		
			全品写真撮影	滝沢さん	12月28日	※　　　　を モデルとして作成
			修正＆確認	船井総研	1月8～13日	
				滝沢さん		
その他備品等	滝沢さん	厨房器具	業者発注	滝沢さん		
		消耗品（箸など）	業者発注	滝沢さん		
		看板・垂れ幕など	業者発注	松崎さん		
		ユニフォーム	候補選定、サンプル発注	船井総研	11月27日	
			最終決定、発注	船井総研	12月16日	
		ハンディーターミナル	業者発注	滝沢さん		
人	松崎さん	採用	募集告知業者打合せ	松崎さん		
			面接日程設定と会場確保	松崎さん		※集団面接が好ましい
		研修	サービスの方針確認	船井総研	12月27日	
			キッチントレーニング（調理訓練、盛付など）	滝沢さん	12月10日～	
			ホールトレーニング（ハンディー研修、ロールプレイングなど）		1月6～13日	
			顔見知りのお客様ご招待ご案内状作成・発送		12月末	

5 食材や器材業者は自分の足と目で探そう

秋田に「だんまや水産」という繁盛居酒屋があります。主力商品の海鮮物を非常にお値打ち価格で提供し、それが高い集客力につながっています。

その担当責任者に〝仕入れのコツ〟を聞くと、「インターネットの活用と自分の足」との答えが返ってきました。

●インターネットを自分の足と目にする

インターネットを活用することで、自分の足を運ばなくても、こだわりやおもしろみのある商品・食材探しができます。ただしその場合には、インターネットで商品を探した後で、めぼしい商品をいくつか絞り込んだら、直接そこに電話で問い合わせてみます。そして、よい感触を得たところには必ず出かけて行くのです。

業者が持ち込んでくる商品だけを使う時代は、もう過去のことと考えるべきです。自分でその場所に行かなければ、よい商品との出会いなどは考えられません。

そうやって、自分の足と目でたしかめた商品には思い入れも深まるからです。

●計画書を持参して説明する

「小さな居酒屋」にとって大切なことは、業者とのミーティングを通じて、お互いに理解し合うことです。営業計画書を見せて、自店の説明をします。それを2～3回繰り返していくことで、すばらしい業者と出会うことができ、価格についても、うまく交渉できるはずです。

●厨房業者は使い分けが必要

インターネットで、中古厨房を取り扱う企業も増えています。また、メンテナンスや保証もすすんでいるようです。しかし、安く仕入れるための厨房業者と、事後フォローのとれる厨房業者の二つをうまく使い分けて活用したいものです。

その場合も必ず、自分の足と目でたしかめた業者選択が重要であることは先ほどと同じです。

「本物化」、「産直化」、「できたて化」という時流に適合した食材の必要度が、ますます高まっています。そのような時流の中で、一般的な業者が取り扱う商品だけでは、お客さまにとって価値のある商品にはなりません。

自分の足と目を活用した仕入れの工夫こそが差別化を図り、繁盛を約束してくれるのです。

時流に合った食材を調達するためには、業者が持ち込む商品だけに頼っていてはダメ

Yahoo!検索 - 食材仕入れ　　1/2 ページ

Yahoo! JAPAN - ヘルプ

Yahoo! JAPAN　ウェブ　画像　動画　ブログ　辞書　知恵袋　地図　一覧

食材仕入れ　検索

ウェブ検索結果　　食材仕入れ で検索した結果　11～20件目 / 約4,070,000件 - 0.38秒

業務用食材カタログ 無料！　スポンサーサイト
使える食材2500アイテム掲載。お届け無料。UCC Nexyz.
www.uccnexyz.co.jp

食材 販売をお探しなら
カット野菜専門店！新鮮な野菜を数多く取り揃えています！全国配達可能
www.advanf.com

福岡・佐賀限定の宅配サービス
献立で迷わないので助かってます（福岡市主婦）。旬工房 3日間無料
www.syunoubou.com

食材販売お得情報
欲しかった商品のお得情報が満載。見比べて、ベストプライスで買おう！
www.smarter.co.jp

業務用食品・食材 消耗品・資材の取引ならASP商談システム(食品食材 ...
食品業界を対象とした商談システム、受発注システム、規格書システム等の企業間電子取引システムの提供。... 業務用食材・資材の仕入れルート/販売ルートの開拓ができます! ...「安心・安全」で、作り手のこだわりや思いを感じられる食材を扱う企業と取引したい! ...
www.foodsinfomart.com - ブックマーク：32人が登録 - キャッシュ

株式会社[redacted] 業務用食材の仕入れ 食品卸など、外食産業向け食材の ...
ホテル、レストラン、給食、惣菜等、外食産業向け業務用食材、酒類の販売。... 埼玉近郊の食材仕入れ、食品卸、業務用食材、業務用調味料の事ならオギソにお任せ! ... 世界の食材を更新しました。2007/11/08. Ogisoのイチオシを更新しました。...
www.ogiso.jp - キャッシュ

本場大阪の味 [redacted] 業務用食材の通信販売
たこ焼き、お好み焼き、焼きそば、回転焼き等の業務用食材の販売。新規開業、業態変更等のサポート。... 商売繁盛!本場大阪の味 プロが選ぶたこ焼・お好み焼の業務用食材販売. 2006年3月24日更新. Copyright (C) 2005 ...
www.tomoefood.co.jp - キャッシュ

食材仕入｜私たちのこだわり|エームサービス
また、仕入元の名称・生産者情報の記録・保存を義務付けることで、履歴を追うことが可能な食材調達(トレーサビリティ)を実現しています。... 注)当社の仕入部門は、専門性の高い食材調達を効率的に行なうことを目的として設立したユア キッチン サービス(株) ...
www.aimservices.co.jp/mind/stocking.html - キャッシュ

業者様へ|旬な業務用食材仕入、宅配の美食市場。中華調味料点心から和食珍味 ...
中華食材,中華調味料,和食,珍味の業務用食材仕入れ、宅配なら美食市場へ。... 業務用食材、中華調味料、中華食材、和食、珍味、魚介類などプロが使用する旬な食材の宅配は美食市場. 旬な業務用食材から高級食材、中華食材まで宅配での食材仕入れは美食市場で ...
www.e-gooditem.com/food/faq.htm - キャッシュ

スポンサーサイト

http://search.yahoo.co.jp/search?p=%E9%A3%9F%E6%9D%90%E4%BB%95%E5%85%A5... 2009/01/04

インターネットで“食材仕入れ”と検索するだけで約400万件がヒットする。これを活用しない手はない

6 工事関係者に説明する「モデル店」を三つ決めよう

これから作る店は、まだあなたの目の前にはありません。ですから、それがどんな店なのか、あなたがいくら人に説明しても、なかなかうまく説明できません。

そのとき、モデルになるような店があれば、工事関係の人と一緒にその店に行ってみればいいのです。

その店を見ながら、どの点を参考にしたいかを説明します。

1店舗では難しいと思います。自分の考えを伝えるためには、せめて次のような観点から、3店舗ぐらいは候補を選んでおきたいものです。

●「売場づくり」のモデル

「売場づくり」のモデル店舗とは、実演や市場陳列などで、お客さまをエキサイトさせる要素を具現化している店です。

「調理作業の流れ」、「デシャップ（配膳台）の位置」、「厨房の配置のしかた」、「入口のとり方」、「玄関、看板のつくり方」、「アルコールコーナーのとり方」などがポイントです。

そうした店を見学したら、気がついた点をメモにとることも忘れないようにしましょう。

●「商品づくり」のモデル

「商品づくり」のモデル店舗としては、シズル性や主力カテゴリーの強い店を選びます。

「品揃え品目と価格帯」、「盛り付け方法と器」、「一番商品」などがそのポイントです。

●「もてなし」のモデル

「もてなし」のモデル店舗としては、従業員の表情がおだやかで、お客さま重視で仕事をしている店をモデル店にします。

そうした店の「言葉の遣い方」、「会計のしかた」、「ユニフォーム」などについて見極め、自分の店で実施する内容を決めます。

この「売場づくり」、「商品づくり」、「もてなし」という三つのモデル店を通して、あなたが目指す点を、それぞれの担当業者に説明しましょう。あなたの頭の中にあるものを確実に実現していくために、ぜひ実施してください。

あなたが目指す形を具体的に見せることができる

7 順調な成功のために、真剣に「師」を求めよう

●迷ったとき、考えをまとめる助けとなるのが「師」

店の運営でもなんでもそうですが、自分の考え方にどこかムリはないか、これは、なかなか自分自身では気づきにくいものです。

業者に相談しても、商売上の関係がありますから、ストレートには答えてくれないでしょう。友人に相談しても、結局のところは自分の意見を押し通しているだけかもしれません。

そこで、そんな自分の不安をぶつけられる「師」を探しましょう。相談することで考えが整理でき、勇んだ行為は、もう一度慎重に考え直させてくれる、それができる人が、あなたの「師」です。

すぐには見つけられないでしょう。しかし、自分には「師」となる人が必要だと頭の中に入れておけばよいでしょう。あなたがそうした意識でいれば、いつか必ず見つけられるはずです。

商売は一足飛びに成功するわけではありません。しかし、なるべく早くその道を進んだほうがよいに決まっています。そのためにも、あなたの「師」を真剣になって探しましょう。

●「モデル店」を、もうひとつの「師」にしよう

前項のように、自分の理想とする店をモデル店として持つことは大切です。モデル店に教わり、まずそれをマネてみましょう。よく言われることですが、〝学ぶ〟基本は、独自のことをするのではなく、モデルを〝マネぶ〟ところからはじまります。

モデル店は繁盛店です。それをマネることによって、繁盛のコツが会得できるでしょう。

迷うときもあるでしょう。そんなとき、「師」となるモデルの店を見に行きます。自分の店の現状と較べてください。必ず新しい発見があるはずです。

●「師」とモデルが「やる気」を与えます

「師」とモデルづくりが、伸びるためのコツです。「師」とモデルを持つことで、よい意味での競争心が生まれます。あなたにやる気を与えてくれるのです。

しかも、大きな試行錯誤をしなくても改善できますから、効率のよい成長が期待できます。

自分の店と較べてみて、よい点をマネることで繁盛につなげられる

8 人間関係を大切にして、手紙を書こう

●これまでのつながりを大切にして活かす

開店するまでには、多くの人との出会いがあるでしょう。

その人たちとは、開店と同時に商売の関係がなくなり、切れてしまうかもしれません。

開店前までは、いろいろなコミュニケーションがとれた人とも、開店してからは商売だけのつき合いになるかもしれません。

しかし、あなたはその方々に、よい意味でお客さまになっていただく努力をしなければなりません。

●まずは、開店の感謝の手紙を

そのためには、まず開店の感謝の気持ちを込めた手紙を書きましょう。

簡単な内容でけっこうですから、直筆の手紙にします。いま、世の中はデジタル全盛の時代ですから、印刷された文字ばかりです。これでは、お客さまとのよい関係を築くことはできません。

「工事関係者」「業者」「ご試食会のお客さま」のすべてに直筆で手紙を書くのがベストですが、どうしてもムリなら、直筆をコピーします。

名前のところに印を押せば、それなりの感じは伝わります。

●常連客に送る開店3ヶ月後の手紙

「人の噂も75日」と言いますが、本当に開店後3ヶ月目が大切です。せっかく築き上げた常連客が、離れはじめる頃だからです。

売上アップのためには、新規のお客さまをいかに獲得するかが重要です。しかし、それまでの常連客も離してしまってはならないのです。そのためには、できるかぎり、その人たちの名簿を作り上げる努力が必要です。

そして、3ヶ月目に手紙を書くのです。日頃の感謝の心を伝えます。一人ひとりのお客さまに個別対応した内容の手紙で、よりお客さまとの密着を図ります。

「お客さま志向」をしながら、お客さまとの関係をより親密にしていくのです。

言うまでもなく、人間関係を大切にする、ということは商売の基本です。

一人ひとりの顔を思い浮かべて感謝の手紙を書こう

9 ときには、自分で自分を勇気づけることも必要

●創業の気持ちを忘れないために

あなたの仕事の目的は何でしょうか。目的があるからこそ、その目的達成のために努力ができるのです。

店を開くまでにこぎ着けた今、「まずは、最初の1年、利益を残すこと」とか「この1年間、経営の安定のためにも固定客を作り、お客さまに喜んでいただくような仕事をすること」などといった目的をお持ちだと思います。

小さな店であっても、あなたは創業者になるのです。開業からの1年間は、そうした二つの目的を実現する1年と位置づけましょう。

そのため創業時の1年間は、毎月の収入を生活レベル内に留めておくようにします。ときには、1年間の中で店舗利益の余裕が出るかもしれませんが、1年目が終了するまではその状態で頑張ってみます。

そして1年後に出た利益の50％を、自分の収入とするのです。これは、ボーナスのようなものです。

●創業1年間の習慣が、あなたを変える

そうやって築いた1年間は、あなたを経営者として変えます。1年間をかけて身につけた習慣は消えにくいものです。しかも、創業時の1年間の体験は強く残ります。

あなた自身が創業1年で身につけた習慣が、あなたの将来の決め手になるのです。

●店に〝儲けグセ〟をつける

独立したからには、その環境からは逃げられません。いくら売上げが下がっても、景気が悪いからとか、隣に競合店ができたからというのは、言い訳にすぎなくなります。

いまの環境の中で努力するしかないわけですが、現状で〝儲けグセ〟をつけるしかありません。そのためには自分自身に、多少なりとも厳しい条件を与えたほうが儲けグセが身につきます。

まず創業の1年間は、あなたの収入を途中で変えたりしてはダメです。

創業からの1年間で、あなたは「経営者としての習慣を身につける」、「店に儲けグセをつける」の二つを実現するのです。

自分自身には多少厳しくしても、まず店に“儲けグセ”をつけよう

酒処
店に儲けグセをつける
経営者としての習慣を身につける
1年目
毎月の収入は生活レベル内に留めるぞ!

10 おかげ様で開業1年！みんなに報告しよう

●1年間を振り返っての「経営評価」を文章にしてみる

開業して1年たったら、あなた自身でその1年間を評価する必要があります。それは、立案した計画がどれくらい達成できたのか、ということです。

(1)経営理念
(2)経営方針
(3)商品（主力カテゴリー、一番商品）
(4)売上げと客単価
(5)お客さま満足度

この5項目について、どこまで達成したかを考えてみましょう。

それを文章にしてまとめます。それが、「前年度の経営評価」となります。

●「お叱りハガキ」から前年度のお客さまへの対応を知る

次に、「お叱りハガキ」です。ハガキ一枚一枚に書かれた、お客さまからの要望をまとめた表を作ります。

そして、各項目に対して、実施した内容を簡単に書きます。できていない内容に関しては、その理由を書きます。そしてそれを1枚の紙にまとめます。

それが「前年度のお叱りハガキ対応」となります。

●でき上がった「経営報告書」を配布する

それらをもとにして、次年度の方針を作ります。

1枚の紙に、前年の「経営評価」と「お客さまハガキ」の内容に基づいた、本年度の経営方針を作成します。

(1)前年度の経営評価
(2)前年度のお叱りハガキへの対応
(3)本年度の経営方針

という3枚のレジュメが作成されます。これが、あなたの店の「経営報告書」となります。

これを関係者に、あなたの手紙とともに配布します。取引銀行、取引業者をはじめとする関係者全員と、できれば従業員や常連のお客さまにも配布します。

商売は、「取引先」と「お客さま」と「従業員」といった人たちと、経営者との人間関係のうえに成立しています。

感謝の意味とお互いの信頼関係を築くという二つの役目を、この報告書がはたしてくれるのです。

前年をしっかりと振り返り、次年、さらには将来へとつなげていこう

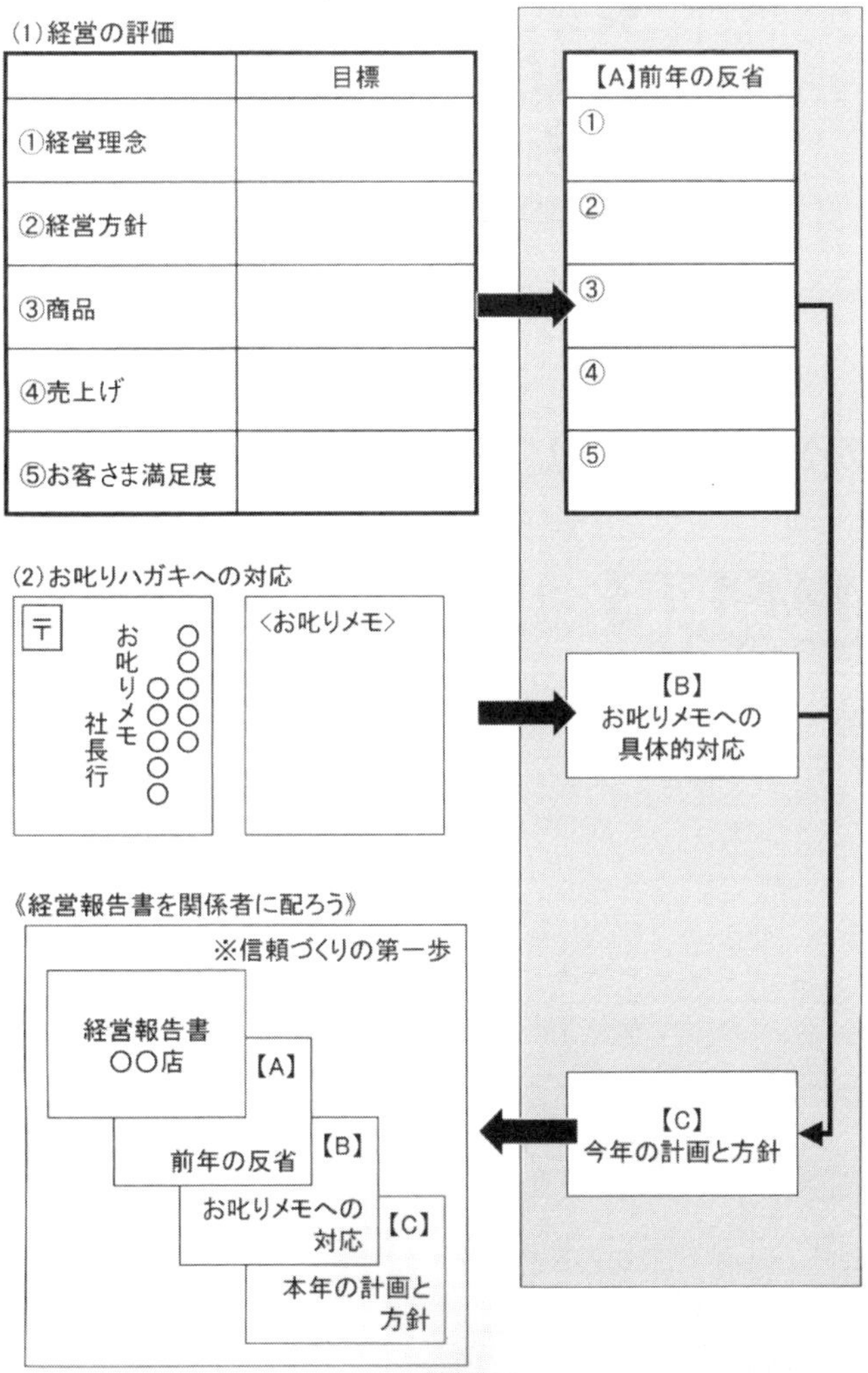

▼ 期間限定ですが・・・

感謝のお礼返し！

数ある本の中よりこの本と出会っていただいたことは、
あたりまえのことではありません。
感謝のお礼返しとして

著者　高木雅致《たかぎまさかず》の
講演ＣＤ（６０分）
『強みを特化する』
を無料進呈します

このページをコピーし、そのままＦＡＸしてください

FAX申し込み用紙

ＦＡＸ　06－6889－3570
㈱タカギフードコンサルティング　タカギ行

会社名	住所　〒	
ご氏名	お役職	ＴＥＬ ＦＡＸ
店舗数 店	業態（○で囲んでください） 居酒屋　寿司店　焼肉店　ラーメン　そば・うどん イタリアン　他（　　　　　　　　　）	

Ｑ１　高木の講習会・セミナーに関する資料を希望しますか？ 希望する　　希望しない
Ｑ２　高木の個別経営相談を希望しますか？ 希望する　　希望しない
Ｑ３　高木に質問したい内容をご記入下さい
Ｑ４　ケイタイ電話によるメール販促の資料を希望しますか？ 希望する　　希望しない

※ご記入いただきました内容は、上記ＣＤの発送及び当社のご案内目的以外に使用することはありません

著者略歴

高木　雅致（たかぎ　まさかず）

骨太経営グループ　㈱タカギフードコンサルティング代表取締役、経営コンサルタント。

大学卒業後、大手飲食企業に入社。1983年船井総合研究所に入社。21年間の飲食業繁盛店づくりのための経営コンサルティングに携り、2005年より飲食業の繁盛ノウハウに特化したコンサルティング活動を実践するため、㈱タカギフードコンサルティングを設立。

新しい視点からの繁盛店化マーケティングを構築。その手法を応用し、繁盛店づくりに数多くの成功事例を持つ。現在、飲食業繁盛店研究会（経営者の繁盛店づくりの勉強会）、タカギレストランネットワーク（月１回の情報レポート：現在約200社）、アメリカレストラン一番化視察セミナー（毎年６月・11月）、飲食業繁盛店セミナー（年２回、毎年４月、10月開催）などを主宰し、具体的成功事例を発表している。

モットーは、「飲食業界に育ててもらっているから、飲食業界におかえしをする」。

著書として『新版　飲食店店長！繁盛はあなたが決め手です』、『「大」に勝つ！小さな飲食店10の繁盛法則』（ともに同文舘出版）がある。

■お問い合わせ先
〒532-0011　大阪市淀川区西中島1-14-17 アルバート新大阪ビル
TEL:06-6889-3560　FAX:06-6889-3570
E-mail:info@takagifood.co.jp
URL：http://www.takagifood.co.jp

新版　図解　はじめよう！　小さな居酒屋

平成21年３月31日　初版発行

著　者 —— 高木雅致

発行者 —— 中島治久

発行所 —— 同文舘出版株式会社

東京都千代田区神田神保町1-41 〒101-0051
電話　営業03(3294)1801 編集03(3294)1803
振替 00100-8-42935
http://www.dobunkan.co.jp

ISBN978-4-495-56072-0
印刷／製本：萩原印刷　Printed in Japan 2009